经济学学术前沿书系
ACADEMIC FRONTIER
ECONOMICS BOOK SERIES

空间关联视角下中国农产品质量安全的宏观影响因素与源头治理机制研究

付陈梅◎著

经济日报出版社

图书在版编目（CIP）数据

空间关联视角下中国农产品质量安全的宏观影响因素与源头治理机制研究 / 付陈梅著. —北京：经济日报出版社，2022.6

ISBN 978-7-5196-1112-5

Ⅰ. ①空… Ⅱ. ①付… Ⅲ. ①农产品-质量管理-安全管理-研究-中国 Ⅳ. ①F326.5

中国版本图书馆 CIP 数据核字（2022）第 100422 号

空间关联视角下中国农产品质量安全的宏观影响因素与源头治理机制研究

作　　者	付陈梅
责任编辑	陈礼滟
助理编辑	王　真
责任校对	温　海
出版发行	经济日报出版社
地　　址	北京市西城区白纸坊东街 2 号 A 座综合楼 710（邮政编码：100054）
电　　话	010-63567684（总编室） 010-63584556（财经编辑部） 010-63567687（企业与企业家史编辑部） 010-63567683（经济与管理学术编辑部） 010-63538621　63567692（发行部）
网　　址	www.edpbook.com.cn
E - mail	edpbook@126.com
经　　销	全国新华书店
印　　刷	北京虎彩文化传播有限公司
开　　本	710 mm×1000 mm　1/16
印　　张	13.75
字　　数	184 千字
版　　次	2022 年 6 月第 1 版
印　　次	2022 年 6 月第 1 次印刷
书　　号	ISBN 978-7-5196-1112-5
定　　价	46.00 元

摘 要

本研究从现实出发，首先对中国农产品质量安全政策的现状、实施效果和问题进行梳理分析，并对中国各地区农产品质量安全治理能力进行综合评价。然后构建了农产品质量安全评价指标体系，度量了中国各地区农产品质量安全的水平特征及区域差异程度。分析了改革开放以来中国经济社会发展转型的历程和农业农村改革的特征，构建了农产品质量安全宏观影响因素的博弈理论分析模型，探索农产品质量安全的宏观影响因素。在此基础上，基于空间关联视角从省域层面运用空间 Durbin 面板模型来揭示城镇化、农村劳动力流动、城乡发展差距、农产品价格波动、农业土地投入等宏观因素对中国农产品质量安全的影响机制。然后基于“国家农产品质量安全县”创建的视角，从县域层面运用 Probit 二元选择模型对中国农产品质量安全的宏观影响因素作进一步的实证检验。随后系统梳理了国外农产品质量安全宏观防控与源头治理的经验，并构建新时代下中国农产品质量安全宏观防控与源头治理的长效机制，最后提炼研究结论并结合中国农产品质量安全的宏观影响因素提出针对性的政策建议。

一、研究结论

（一）中国农产品质量安全治理政策正逐渐完善，政策实施效果显著，但仍存在不容忽视的问题。中国农产品质量安全治理政策体系目前涵盖立法层面、生产供给体系层面、质量标准与认证体系层面、质量检测与监督体系层面、风险评估与预警体系层面。“十三五”期间，中国农产品质量安全治理体系建设取得重大进展：一是农业标准化生产取得突破性进展，2017 年中国绿色食品原料生产基地达 678 个，规模达 16387.4 万亩，产量为 10673.2 万吨，带动农户数为 2097 万户；二是农产品质量安全标准进一步健全，2017 年底中国农药残留限量标准共计 5450 项，兽药残留限量标准共计 2087 项，制定发布农业行业标准共计 5704 项；三是农产品质量安全检测和风险评估能力进一步提升，2017 年国家成立了 10 家首批国家农业检测基准实验室，农产品质量安全风险评估实验室和实验站数量合计达 253 个。农产品质量安全治理政策效果显著，2013—2017 年间，中国农产品总体抽查合格率均稳定在 96% 的水平以上，2017 年农产品总体抽查合格率为 97.8%，创历史新高。但是，中国农产品质量安全治理政策仍然存在不容忽视的问题，治理政策依然停留在“头痛医头、脚痛医脚”层面，相关政策安排缺乏系统性，制度设计上缺乏“系统思维”和“治本理念”。

（二）中国农产品质量安全综合治理能力整体水平还比较低，地区间综合治理能力差异明显，源头控制和监管追溯是农产品质量安全治理的两大短板。本研究从源头控制、标准化生产、品牌培育、风险防控和监管追溯等方面构建了农产品质量安全治理评价指标体系，然后运用多指标综合评价模型对中国各地区 2017 年农产品质量安全治理能力进行了评价。从评价结果来看，一方面，中国农产品质量安全综合治理能力整体水平较低。从全国的得分来看，2017 年中国农产品质量安全综合治理得分均值为 54.07；从各省份的得分来看，农产品质量安全综合治理能力得分超过 70 的仅有北京、上海和天津等三个直辖市，而得分低于 50 的省份多达 12 个。另一方面，中国农产品质量安全治理能力存在明显的区域非均衡发展态势。一是东部地区的农产品质量安全治理能力要明显高于中部地区和西部地区；二是省份间农产品质量安全治理能力存在显著的差异。此外，从全国农产品质量安全治理指数得分的均指来看，源头控制、监管追溯的平均得分分别为 9.55 和 9.19，一定程度上拉低了农产品质量安全综合治理能力，这说明当前中国农产品质量安全治理面临的两个主要短板是源头控制和监管追溯。

（三）2008—2017 年，中国农产品质量安全水平整体呈上升趋势，但同时存在显著的区域差异，农产品质量安全治理形势仍然严峻。2008—2017 年，中国单位面积农药施用量得到了有效控制，安全优质农产品品牌建设取得重大进展，但化肥和农膜施用量也在持续增长。本研究基于生产要素投入和安全优质农产品产出的视角构建中国农产品质量安全评价指标体系，然后运用因子分析方法对中国各地区 2008—2017 年的农产品质量安全水平进行测量，发现中国农产品质量安全水平总体呈波动上升趋势。2008—2017 年间，全国农产品质量安全水平综合得分均值从 –0.09 波动上升到 –0.02。但与此同时，中国农产品质量安全水平形势仍然严峻，原因在于中国农产品质量安全水平存在显著的区域差异。从省际农产品质量安全水平泰尔指数和基尼系数的度量结果来看，2014 年后这两个指标均呈上升的趋势，其中基尼系数更是稳定在 0.4 的水平以上，表明中国农产品质量安全是存在显著的省际差异的。从三大区域农产品质量安全水平泰尔指数的分解结果来看，农产品质量安全水平的区域内差距显著大于区域间差距，2008—2017 年区域内差异占比均值为 90.58%，说明中国三大区域农产品质量安全水平的区域内差异在总体差异中占据绝对主导地位。总而言之，近年来中国农产品质量安全水平整体趋势良好，但同时存在显著的区域差异，全面提升农产品质量水平的形势仍然严峻，创新农产品质量安全防控政策和治理机制迫在眉睫。

（四）从经济社会发展转型的角度来看，威胁中国农产品质量安全的主要宏观因素包括城镇化进程、农业劳动力流失、城乡收入差距扩大、农业土地投入减少。1978 年以来，中国经济社会发展转型的四个阶段对农村改革和农业发展产生了重大的影响，从农产品生产函数的博弈分析结果来看，农村改革和农业发展转型中伴随的城镇化进程加速、农业劳动力流失、城乡收入差距扩大、农业土地投入减少和农产品价格波动等是影响农产品质量安全的主要宏观因素。空间 Durbin 模型实证结果显示：城镇化水平（URBAN）的回归系数为 –0.4674，在 5% 的显著水平上通过检验，说明传统城镇化水平越高，农产品质量安全水平就越低，这也印证了推进新型城镇化的重要性。农业从业人员占比（LABOR）的回归系数为 0.4942，并在 1% 的显著水平上通过检验，说明农业从业人员所占的比例越高，农业劳动力未大规模向城市地区和工业方面转移，农业生产过程中过度施用农药、化肥和农膜的可能性越小，农产品质量安全水平就越高。城乡收入差距（GAP）的回归系数为 –0.7728，在 1% 的显著水平上通过检验，说明城乡收入差距越大，在农村的农业生产者的相对收入越低，则其铤而走险选择生产“问题农产品”的可能性就越大，农产品质量安全水平就越低。人均播种面积（SOW）的回归系数为 0.1043，在 5% 的显著水平上通过检验，说明在农业生产过程中土地相对宽裕、投入量越多，那么过度施用农药、化肥和农膜的可能性越小，则农产品质量安全水平就更有保障。

（五）中国各地区农产品质量安全具有显著的空间溢出效应，多种因素共同作用下导致农产品质量安全呈现空间关联特征。空间 Durbin 模型实证结果显示：ρ 值为 0.1647，且在 5% 的显著水平上通过检验，表明农产品质量安全存在显著的空间溢出效应，即本地区农产品质量安全水平的提高，会显著提高相邻地区的农产品质量安全水平。从各影响因素的空间效应来看，W.URBAN 的回归系数为 1.6852，并在 1% 的显著水平上通过检验，说明本地区的城镇化水平具有空间溢出效应。W.LABOR 的回归系数为 –0.8556，并在 5% 的显著水平上通过检验，说明本地区农业从业人员的增多，会降低周边地区农产品质量安全水平。W.GAP 的回归系数为 1.9315，并在 1% 的显著水平上通过检验，说明本地区城乡收入差距与周边地区农产品质量安全水平呈正相关关系，其原因在于城乡收入差距扩大会导致本地区农业劳动力向周边地区流动，从而周边地区农业从业人员得到补充，进而提高农产品质量安全水平。W.PPI 的回归系数为 0.7921，且在 5% 的显著水平上通过检验，说明本地区农产品价格提高会改善相邻地区的农产品质量安全，其原因在于本地区的农产品价格高是相对邻近地区而言的，邻近地区的农产品价格相对较低，则会弱化相邻地区农业生产者的趋利动机，降低相邻地区农产品质量风险。

（六）国家农产品质量安全县创建背景下，中国农产品质量安全基层治理能力显著提升，但区域差异较大。“国家农产品质量安全县”在中国农产品质量安全的基层治理中发挥了积极的示范和带动作用，进一步落实了农产品质量安全的属地管理责任，探索建立了有效的监管模式，以点带面，有效提升了中国农产品质量安全基层治理能力。但就全国各地区“国家农产品质量安全县”的创建情况来看，还存在明显的区域差异。一是省际间存在着显著差异。从创建数量来看，目前拥有“国家农产品质量安全县”最多的是山东，数量为 18 个，而数量最少的为西藏，农产品质量安全县数量仅 3 个；从创建比例来看，北京、天津和上海的创建比例最高，均为 25%，而西藏的创建比例最低，仅为 4.05%。二是东部、中部、西部三大区域间存在着显著差异。从创建数量来看，东部地区的农产品质量安全县数量为 114 个，占全国总数的 37.62%，西部地区和中部地区的农产品质量安全县数量分别为 93 个和 96 个，分别占全国的 30.70% 和 31.68%。从各地区农产品质量安全县的创建比例来看，三个地区中最高的是东部地区的 13.13%，其次是中部地区的 10.41%，最后是西部地区的 8.81%。三个地区中只有东部地区的创建比例超过了全国 10.63% 的水平，中部地区的创建比例略低于全国水平，而西部地区的创建比例远远低于全国水平，与中部地区和东部地区的差距十分明显。此外，从全国的情况来看，截至 2017 年年底共创建“国家农产品质量安全县”303 个，创建比例为 10.63%，发挥的示范和辐射带动作用还十分有限，中国农产品质量安全的源头治理任重而道远。

（七）县域视角下，农产品质量安全的主要影响因素包括城镇化进程、城乡收入差距、农业土地投入和地区经济发展水平。本研究基于“国家农产品质量安全县”创建的视角构建了 Probit 二元选择模型，其实证结果显示：城镇化水平（URBAN）变量的系数估计值为 –0.1708，且在 10% 的显著水平上通过检验，说明县域城镇化水平与农产品质量安全水平呈负相关关系。农业从业人员占比（LABOR）变量的系数估计值为 0.0509，说明县域农业从业人员占比与农产品质量安全水平呈正相关关系，但并不显著。城乡收入差距（GAP）变量的系数估计值为 –0.1916，且在 5% 的显著水平上通过检验，说明县域城乡收入差距与农产品质量安全水平呈负相关关系。人均机收面积（REAP）变量的系数估计值为 0.0842，且在 5% 的显著水平上通过检验，表明县域人均机收面积与农产品质量安全水平呈正相关关系。人均地区生产总值（GDP）变量的系数估计值为 0.2898，且该系数估计值在 1% 的显著水平上通过检验，表明人均地区生产总值与县域农产品质量安全呈正相关关系。上述实证结果不仅进一步从县域层面证实了城镇化、城乡收入差距和农业土地投入等因素对中国农产品质量安全的影响路径，也进一步拓展并证实了县域地区经济发展水平对农产品质量安全水平起正向促进作用。基于县域层面对农产品质量安全宏观影响因素的进一步检验，为中国农产品质量安全宏观防控与源头治理的机制设计提供了更有力的支撑和依据。

（八）新时期下，构建农产品质量安全宏观防控与源头治理的长效机制是保障中国农产品质量安全的必然选择。长期以来，中国农产品质量安全的治理政策停留在“头痛医头、脚痛医脚”层面，相关政策安排缺乏系统性，制度设计上缺乏“系统思维”和“治本理念”。农产品质量安全治理能力评估结果显示，源头控制也正是中国农产品质量安全保障的一大短板。经济社会发展转型背景下，中国农产品质量安全受城镇化、农业劳动力流动、城乡收入差距、农业土地投入、农产品价格等多种因素的影响，且呈现出空间关联特征。从国外经验来看，农产品质量安全的治理必须做到宏观防控与源头治理的有机结合。基于此，构建农产品质量安全宏观防控与源头治理的长效机制成为中国在新时期下实施农产品质量安全保障工程的必然选择。具体来看，应从总体布局、因地制宜、区域协同、城乡融合等四个层面来构建中国农产品质量安全宏观防控与源头治理的长效机制。其中，政府通过总体布局谋划农产品质量安全宏观防控的长效机制，为此应构建精准立法机制、动态监管机制和全面保障机制；通过因地制宜落实农产品质量安全源头治理的长效机制，为此应构建政策落实机制、现状评估机制和短板攻关机制；通过区域协同促进农产品质量安全源头治理长效机制的建立，为此应构建政策沟通机制、资源配置机制和联防联控机制；通过城乡融合驱动农产品质量安全源头治理长效机制的建立，为此应构建收入分配机制、人才培育机制和产业融合机制。

二、主要创新

（一）基于中国农产品质量安全治理的现实和内涵，笔者从源头控制、标准化生产、品牌培育、风险防控、监管追溯等五个方面构建了中国农产品质量安全治理能力评价指标体系，运用多指标综合评价法，测度了各地区农产品质量安全治理能力的现实水平，揭示了中国农产品质量安全治理的现实短板。

（二）基于投入产出视角，笔者从农业生产资料投入、安全优质农产品产出两个方面来构建农产品质量安全评价指标体系，运用因子分析方法测度了中国各地区的农产品质量安全水平，进一步运用基尼系数和泰尔指数对中国农产品质量安全水平的省际差异和三大地区差异进行了度量和分析。

（三）分析改革开放以来中国经济社会发展转型的阶段及特征，构建中国农产品质量安全宏观影响因素的博弈理论分析模型。基于省域层面，运用空间 Durbin 模型对中国农产品质量安全宏观影响因素进行实证分析，检验了中国农产品质量安全及其宏观影响因素的空间效应，并对其空间溢出效应进行分解。

（四）基于“国家农产品质量安全县”创建的视角，笔者分析了中国县域农产品质量安全治理的现状、成效和问题，然后运用 Probit 二元选择模型，从县域层面进一步检验了城镇化、农业劳动力流动、城乡收入差距、农业土地投入和地区经济发展水平等因素对农产品质量安全的影响。

（五）系统梳理国外农产品质量安全宏观防控与源头治理经验的基础上，笔者首先从总体布局层面构建中国农产品质量安全宏观防控的长效机制，进一步从因地制宜、区域协同、城乡融合等三个方面构建中国农产品质量安全源头治理的长效机制，勾勒出新时期下中国农产品质量安全宏观防控与源头治理的蓝图。

三、重要观点

（一）实施农产品质量安全保障工程，源头控制、标准化生产、品牌培育、风险防控、监管追溯等五个环节缺一不可，从中国各地区农产品质量安全治理能力的结构来看，源头控制和监管追溯是比较明显的两个短板，这充分说明当前中国农产品质量安全治理的重心应放在源头，要建立健全源头治理机制。

（二）农药、化肥和农膜等生产资料的投入是影响农产品质量安全的“罪魁祸首”，但安全优质农产品产出的增加为农产品质量安全水平的提升提供了新的动力。农业由增产导向转向提质导向，不仅要强调绿色生产，降低单位面积农业化学品的使用量，还要加快培育农业品牌，提高安全优质农产品产出水平。

（三）经济社会发展特征是影响农产品质量安全的“决定性因素”，对于中国农产品质量安全问题的治理，必须充分考虑长期以来经济社会发展转型背景下农村改革和农业发展转型所带来的负面问题，城镇化进程加快、农业劳动力减少、城乡收入差距扩大、农产品价格波动、农业土地投入减少等是影响中国农产品质量安全的主要宏观因素。

（四）构建农产品质量安全宏观防控与源头治理的长效机制是保障中国农产品质量安全的有效途径。考虑到中国农产品质量安全源头问题根深蒂固且牵涉面广的特点，农产品质量安全治理政策与促进农民增收、城乡统筹发展等多项国家政策具有一定程度的耦合性，这不仅要求我们要从多个层面和角度出发来制定农产品质量安全的宏观防控与源头治理政策，还应加强相关政策之间的协同。

（五）中国农产品质量安全存在空间关联特征，各地区农产品质量安全水平存在显著的空间溢出效应。构建中国农产品质量安全宏观防控与源头治理的长效机制既要考虑到经济社会发展转型下的宏观影响因素，解决农产品质量安全风险产生的“制度逻辑”，又要考虑到农产品质量安全的空间关联特征，推动农产品质量安全治理的“区域合力”。

四、政策建议

（一）加快城乡融合发展，提高新型城镇化质量

1. 健全城乡一体化发展长效机制。一是要加强城乡一体化发展规划。完善县域村镇和镇、乡、村的建设规划，促进城镇空间布局的优化。科学规划城乡生态、住宅、建设等用地的规划，提高土地资源利用效率。重点解决城乡基础设施配套不均衡、功能布局不合理的问题，做好城乡基础设施建设的统筹规划，实现城乡基础设施共建共享、互联互通、衔接互补的

良好格局。二是进一步完善协同工作机制，调动各方主体积极参与。首先要消除政策障碍，推动资金、技术、人才等要素向农村农业流动；其次是建立健全奖惩机制，鼓励各类企业积极参与城乡统筹发展，调动城乡居民参与城乡统筹建设的主动性和积极性。三是坚持政府推动和市场主导相结合。政府应增加对“三农”的财政投入力度，发挥政府投资的引领带动作用，同时在资金项目安排、涉农补贴等方面对市场主体实行无差别政策，以多元化投资格局促进城乡统筹建设。四是发展壮大农村集体经济，为城乡一体化发展装上“加速器”。依托城市资金、技术、人才等要素，加快培育集体农庄、家庭农场等新型农业经营主体，通过适度规模化、组织化来提高农业现代化水平。

2. 加快推进农村一二三产业的融合发展。乡村振兴战略下，中国城乡融合发展的关键在产业，重点是要推进农村一二三产业的融合发展。首先是要建立紧密的利益联结机制，鼓励农户与各类农业企业建立利益共享、风险共担的长效合作机制。政府惠农政策的实施要充分考虑到利益联结机制，要在保障农民利益的前提下促进农村集体经济的发展壮大。其次是要做到“大小共抓”，产业融合发展离不开对产业融合发展主体的培育，在这个过程中政府既要加大力度培育带动能力强、产业链条长的大型农村、合作社或企业，又要充分考虑到小农户的利益，要鼓励其参与产业融合发展的主动性和积极性，不能让小农户在产业融合发展中掉队。

3. 协调推进农业现代化与新型城镇化。一是要树立新的城镇化理念，要充分考虑地区资源环境的承载能力，重视城镇化的综合效益和发展可持续性，以高质量的城镇化带动农业现代化。二是要合理规划配置农村土地资源。在明确土地产权的前提下促进土地资源的优化配置和流动，同时要加强城镇化过程中的耕地保护，防止农业用地被逐渐吞噬，要加强对农业产地环境的保护，城镇化的发展不能以牺牲“三农”的可持续发展为代价。

（二）培育新型职业农民，推进人才强农战略

1. 要加大力度治理农村“空心化”，保障农业生产所需的劳动力。在城镇化进程中，在转移农村劳动力的同时，要防止因农村人口的过度转移而导致农村“空心化”现象的出现。一是要继续加大对“三农”的财政投入力度，加快完善农村农业基础设施建设，改善农民生产生活条件，为青壮年劳动力留在农村发展农业提供硬件支撑。二是加快完善农村就业创业政策机制，鼓励有热情有技能的年轻人留在农村就业创业，鼓励外出务工的农民工返乡就业和创业，为农村农业发展注入新鲜的血液。三是要根据地区资源禀赋发展特色产业，引进和培育农业技术人才和经营管理人才，以产业的兴旺促进农民收入增长，带动农村地区经济社会的健康发展，从根本上和长远上治理农村“空心化”现象。

2. 强化农村干部队伍和农业队伍，加快农业由增产导向向提质导向理念的转变。实施质量兴农战略，必须加强基层队伍的建设。一是要继续鼓励大学生回乡下乡担任“村官”，为基层干部队伍注入新鲜血液，进一步贯彻和落实国家质量兴农战略和乡村振兴战略的政策部署，带领乡村产业的发展。二是要提高农业队伍的素质，普及农业由增产导向转向提质导向的理念，从生产环节保障农产品质量安全。三是要加大基层反腐力度，对于农村改革和农业发展转型中贪污腐败、不作为的基层干部，要加大清查和处罚力度。

3. 加快培育新型职业农民，为农产品供给和质量安全提供人才战略支撑。一是要培养农村农业发展的“后继者”，加大对各地涉农院校的支持，鼓励适龄学生就读涉农专业，构建和完善农业职业教育体系。二是全面推进“新型职业农民学历提升工程”，创新培育模式和管理制度，促进“农科教”结合，提升农业从业者受教育水平，提高务农人员的综合素质。三是加快推进“智慧农民信息化”工程，加快建设培育新型职业农民的国家

级平台，推广“互联网＋农业”的在线培训模式，建立覆盖主要农作物、农产品、机械装备等方面的教学资源库，加快开发基于大数据的农业物联网、云计算等新型模式，为新型职业农民的培育提供有力的支撑。

（三）革新利益交换机制，缩小城乡收入差距

1. 改进农业补贴政策，使其更加精准化、精细化。一方面，要提高补贴政策在宏观层面上的指导性和精确性，就补贴内容和方向来看，可重点补贴农业主产区、绿色生态、农民收入、适度规模经营等方面。另一方面，要提高补贴政策微观层面的精准化和精细化，例如针对性地提高农民收入的各种补贴，在保障农产品价格稳定的同时，应改革和完善补贴政策，给予农民更多的直接补贴，让农业生产者得到更多真正的实惠。此外，可根据实际情况创新补贴方式，推进农业保险间接补贴等方式，以此转变农业风险管理的模式。

2. 创新农业生产要素流动机制，使其成为农民增收的新渠道。一是健全土地流转制度，要继续稳定农村土地承包关系，赋予土地承包者处置承包土地经营权的权利，改革完善宅基地、农村集体经营建设用地、土地征收等管理制度，破除城乡同地不同权、不同价的扭曲现象，加速推进农村土地的市场化、资产化程度，促进农民收入增长。二是完善劳动力流动机制，在保障农业生产所需劳动力的基础上加快转移农村农业剩余劳动力，要促进城乡平等就业，破除农民工进城就业的歧视政策，加强对外出务工农民的权益保护，妥善解决农民工就业、就医、子女上学、工资拖欠、工伤保险等方面的难题。

3. 建立健全相关保障机制，为缩小城乡收入差距提供全方位支撑。一是加快推进户籍制度改革，破除城乡二元户籍制度，以居住、就业、缴纳社保等为条件，降低农民工尤其是新生代农民工进城落户的门槛。二是创

新农村金融服务机制。首先要破除长期以来金融机构在农村、农业“抽血”，再去城市、工业“输血”的行为，要变金融机构为农村农业发展的“输血者”和“造血者”；其次是要进一步创新农村金融服务体系，完善激励约束机制，推动金融资源向“三农”倾斜。现阶段，创新“三农”抵押贷款机制尤为关键，要鼓励支持涉农担保公司、政策性银行、商业银行、小额贷款公司等涉农金融机构和地方政府、农业合作组织进行沟通合作，充分发挥其在农村金融服务创新中的主体地位和重要作用。

（四）完善供销保障机制，稳定农产品市场价格

1. 实施“抓重点 + 防风险”的策略，保障农产品生产供应。一是农产品生产要抓重点领域，要重点抓好关系到人们群众生活质量的农产品的生产供应。就我国实际情况来看，重点就是要抓好重要“菜篮子”产品和粮油糖棉的生产，夯实农产品市场稳定的基础。二是加大农产品生产的风险防控力度。要培育农业从业人员的风险意识，加快建设农业风险防控的硬件设施，完善农业补贴政策和农业保险政策，避免农产品生产供应因灾害天气、动植物疫情等突发因素而受到重大冲击。

2. 加快农产品产销对接渠道建设，提升产销对接效率。一是加快农村地区交通基础设施建设，尤其是偏远贫困地区，要解决农产品产销对接的“最后一公里”难题。二是要加快农产品仓储保鲜冷链物流设施的建设和普及，解决生鲜农产品运输环节的难题。三是实施“互联网 +”农产品出村进城工程，搭建农村电商平台，创新“农超对接”“农校对接”“农企对接”等多种农产品产销对接模式，提升农产品产销对接效率。

3. 完善宏观调控制度，使农产品价格波动在合理范围内。一是加强对农产品市场的监测预警，做到信息发布的准确性、及时性和有效性，前置引导农产品市场的供需平衡。二是积极主动利用国内国际两个市场、两个资源，对于不同农产品可采取分级调控措施，增加调控政策的灵活性和时

效性。三是进一步完善农产品进出口、储备等市场调控制度，稳定农产品市场价格。

（五）加强耕地保护力度，保障农业土地投入

1. 坚守农村耕地红线。一是各地区要将坚守耕地红线的国家政策层层落实，最终落实到村、户，根据不同的实际情况，对坡度过大、土壤贫瘠、生态破坏严重的耕地实行退耕还林，同时确保优质耕地数量得到保障，保证农业生产。二是乡镇可设立耕地保障工作小组，委派工作人员进村驻村，宣传国家耕地保护制度和相关政策措施，与乡村基层干部一起坚守农村耕地红线。三是要协调农村“空心化”治理，解决土地闲置的问题，尤其是我国西部地区，守住耕地红线就必须解决可用耕地被大面积抛荒的问题。

2. 坚守农业生态红线。农业生态与农产品质量安全、农业高质量发展息息相关。一是要在坚守生态红线的基础上去保障耕地数量，在中国农业由增产导向转向提质导向的背景下，农业生态安全应放在第一位，所以不能单独将耕地红线作为耕地保护的唯一任务，更不能一味追求耕地数量而不管耕地质量。二是要加强基层农业生态保护的宣传、监测和治理力度，发挥基层干部的一线监督管理职能，加大对随意垦荒、砍伐森林、滥用农药化肥、秸秆焚烧等破坏农业生态行为的监管处罚力度。

3. 创新农村农业用地政策。一是可将农业种养殖的各类配套设施用地纳入农用地管理范围，允许将耕地作为农业设施用地，合理制订其用地规模上限，为农业产业发展所需的辅助设施提供落地条件。二是建设用地指标应更多地向“三农”倾斜，促进乡村产业的合理布局和壮大发展。三是创新农村集体用地的使用形式，可通过租用、入股等方式直接将集体用地用于乡村产业的发展，多渠道多形式盘活农村土地资源，破除农村土地“自己用不上、用不好”的困境，保障农业土地要素投入。

（六）加速破除行政壁垒，形成区域治理合力

1. 区域间尤其是相邻地区要加强政策沟通。一是就农产品质量安全问题加强沟通交流，避免政策实施过程中的相互冲突和效果抵消；二是加强区域间农产品质量安全治理的规划合作，尤其是经济社会系统和生态系统相邻相似的区域；三是搭建区域间政策沟通平台，为农产品质量安全治理政策沟通提供平台支撑。

2. 促进区域间相关资源要素的流动和优化配置。一是要促进农业物资、劳动力、技术设备等在区域间的流动，为农产品安全生产奠定资源要素条件；二是要以市场调节为主，政府适当干预为辅，引导土地资源在区域间向生态环境友好、经济效益良好、农产品质量安全有保障的农业经营主体流动。三是树立区域间农产品质量安全保障性资源共建共享的理念，通过合作加快科技攻关，提高区域间农产品质量安全的保障能力，优化保障性资源的空间布局

3. 构建农产品质量安全的区域联防联控机制。一是可成立区域性专项组织机构，就中国实际情况来看，可成立区域性农产品质量安全治理协作小组办公室，为区域间农产品质量安全治理合力的形成搭建桥梁；二是可成立区域性的农产品质量安全科学研究中心，加强对同一生态系统内农产品质量安全产地环境源头治理的技术攻关；三是建立健全区域联合执法机制，提高农产品质量安全监管执法的系统性；四是构建区域农产品质量安全治理的多方参与机制，鼓励支持和引导其他政府部门、企业、公众等的广泛参与，合力打造农产品质量安全社会治理新格局。

关键词：空间关联　农产品　质量安全　宏观影响因素　源头治理

目　录

CONTENTS

第 1 章　绪论

1.1 研究意义和价值

全面实施乡村振兴战略背景下，农产品质量安全问题治理意义重大。本课题从现实出发，分析中国农产品质量安全政策和治理能力的现状，并对农产品质量安全水平及其区域差异程度进行度量，基于中国经济社会发展转型的背景构建博弈分析理论模型，剖析城镇化进程、农业劳动力流动、城乡收入差距、农产品价格波动、农业土地资源投入等方面对农产品质量安全的影响，并从省域层面和县域层面来实证检验农产品质量安全的宏观影响因素，以探索中国农产品质量安全宏观防控与源头治理的长效机制。其意义与价值在于：

1. 当前，中国农产品质量安全防控政策依然停留在“头痛医头、脚痛医脚”的层面，在设计上缺乏“系统思维”和“治本理念”，乡村振兴战略背景下建立健全农产品质量安全宏观防控与源头治理的长效机制迫在眉睫。“民以食为天，食以安为先。”习近平总书记曾指出，“食品安全关系人民群众身体健康和生命安全，关系中华民族未来”。21 世纪以来，中国高度重视农产品质量安全问题，随着 2006 年《中华人民共和国农产品质量安全法》的颁布实施，中央相关部门先后出台了一系列强硬举措以确保农产品质量安全。近年来，中央一再强调要用“四个最严”（最严谨的标准、最严格的监管、最严厉的处罚、最严肃的问责）来捍卫广大人民群众“舌尖上的安全”。在 2015–2017 年的中央一号文件中，农产品质量安全和食品安全备受关注；2018 年中央一号文件提出要实施质量兴农战略，农业部更是将 2018 年定为“农业质量年”，以确保农产品质量安全；2019 年中央一号文件要求进一步健全监管、监测、追溯等体系，实施农产品质量安全保障工程。然而，当前中国农产品质量安全事件仍然屡见不鲜，老百姓“舌尖上的安全”仍未得到保障。究其根源，在于当前中国农产品质量安全的相关政策还停留在“头痛医头、脚痛医脚”层面，政策设计缺少“系统思维”和“治本理念”，导致政策实施效果大打折扣。本研究将构建具有系统化的农产品质量安全综合治理机制，预期具有较重要的应用价值。

2. 经济社会发展条件是影响农产品质量安全的“决定性因素”，而现有研究大多忽视了经济社会发展的因素。本研究拟构建经济社会发展条件约束下的农产品质量安全宏观分析框架，可以弥补现有研究注重“过程”忽视“源头”、注重“微观”忽视“宏观”的缺陷。中国的经济社会发展正处于深刻的转型之中，中国农业和农村改革深刻地影响着农产品质量安全。1978 年以来，中国农业和农村改革取得了举世瞩目的成就，但当前我们依然没有从根本上解决农业和农村的协调可持续发展问题，甚至在一定程度上加重了农业用地的短缺、农村劳动力的流失和城乡差距的扩大的问题（林毅夫，2010）。而正是这些问题，导致中国农产品质量安全风险具有了“制度的逻辑”。本研究拟从城镇化、农村劳动力流动、城乡发展差距、农产品价格波动、农业土地资源投入等方面来探析影响农产品质量安全的宏观因素，以弥补现有研究的不足。

3. 从空间关联视角揭示中国农产品质量安全的“全局性”和“关联性”特征，并分析农产品质量安全宏观影响因素的空间效应，可以弥补现有研究的“局部性”缺陷，为健全农产品质量安全的源头治理机制提供新的思路。现有研究表明，受政府与市场的双重作用，中国各地区经济社会发展存在复杂的、多线程的空间关联关系（李敬，2014）。因中国农村经济改革进程存在较大的区域差异，各地区产粮目标和农业发展取向存在地区差异和空间关联，地区间农村土地资源配置、农村劳动力流动、城乡发展差距、农产品价格波动的联动和差异也必然诱导农产品质量安全空间关联关系的形成（付陈梅，2016）。而现有研究还没有重视中国农产品质量安全的空间关联关系，具有“局部性”缺陷。本研究拟基于空间关联视角，探索中国农产品质量安全的空间关联特征，通过对农产品质量安全宏观影响因素的理论分析和空间效应检验，深化对中国农产品质量安全的“全局性”和“关联性”认识。

1.2 国内外研究现状

“舌尖上的安全”总是牵动着大众每一根敏感的神经。全球农产品质量安全事件频发的“沮丧”背景，催生了探寻事件诱因、寻找治理良方的系列研究。就目前来看，国内外对农产品质量安全的影响因素开展了大量研究，其又主要聚焦于生产、流通、消费和监管四个环节。

1. 生产环节与组织模式对农产品质量安全的影响研究。张耀钢和李功奎（2004）聚焦于农产品生产环节，研究发现农户的生产行为是农产品质量安全问题出现的深层次原因。Zhang 和 Guo（2010）研究指出，分散的农户生产模式缺乏生产安全农产品的技术、资金和人力。张敏（2010）研究发现农产品供应组织模式与农产品质量安全密切相关，在分析“农户 + 企业”组织模式面临的制度难题的基础上，提出“农协 + 企业”的农产品供应组织模式。Xiong 和 Luo（2011）认为，农民年龄、家庭收入、生产规模、技术指导、政府补贴等因素对农产品质量安全具有重要影响。然而，虞淼和郭利丰（2011）认为农业产业化对农产品质量安全具有多重影响。Jin 和 Zhou（2011）分析了农业合作社对农产品质量安全的影响，主要在于农业合作社的规模、信誉及其对质量安全标准的认知程度和态度等方面。钟真和孔祥智（2012）指出，产业组织模式会对农产品质量安全产生极为重要的逻辑影响，缓解农产品质量安全问题多发的根本之策在于将农业产业内部不利于保障质量安全的因素进行调整或消除。Lancet（2014）

认为，在中国有占大半壁江山的小规模农业生产者，所以农产品质量安全监管制度常常失效。Jespersen 和 Huffman（2014）认为，生产企业的质量安全文化对农产品质量安全风险控制有重要作用。李培武等（2014）发现，农药残留、生物毒素和重金属等是威胁食用植物性农产品质量安全的主要污染物。钟真和陈淑芬（2014）研究指出，农产品质量安全与是否存在规模经济息息相关，要从根本上提高农产品质量安全整体水平，必须扭转农产品质量安全规模不经济的局面。刘刚和张晓林（2014）也指出，小规模分散经营是中国农产品质量安全控制的一大难题，通过农民合作社提高组织化程度是一条破解路径。钟真等（2016）进一步指出，农产品质量安全控制效果与农民合作社的内部信任程度高度相关。

2. 市场环节与交易模式对农产品质量安全的影响研究。Caswell 等（1992）揭示了流通市场上信息不对称问题对农产品质量安全的重要影响。Holleran（1999）分析了农产品供给链中存在质量安全问题的原因，发现影响供给层面农产品质量安全水平的一个重要因素是供给链中交易费用的大小。Maze 等（2001）分析了整个供给链的治理结构与农产品质量安全的关系。李功奎和应瑞瑶（2004）分析了中国农产品市场的“柠檬”问题，并揭示了其对农产品质量安全的影响。周洁红（2006）用 Logit 模型考察了市场上生鲜蔬菜的安全供给行为。陈彦彦（2008）认为市场失灵是农产品质量安全问题产生的主要原因，因此要发挥政府农产品质量安全监管的职能。Antle 等（2008）认为，市场机制下食品安全管理效能的高低取决于合适的市场信息制度。Weaver 等（2008）和 Hudson（2008）对供给链中的契约协作进行了理论和实证分析。汪普庆等（2009）认为，供应链一体化程度对农产品质量安全具有重要影响。韩燕（2009）研究指出，信息不对称是导致生产和流通过程中出现农产品质量安全问题的根本原因。赵亚翔和高素英（2010）也证实了在“柠檬”问题的影响下，农产品市场会陷入质量安全的低效率均衡。汪俊枫等（2015）通过构建农产品物流的监督博弈模型，分析了不同农产品物流模式对农产品质量安全的影响。陈梅和茅宁（2015）认为，交易方机会主义行为不确定性是造成食用农产品质量安全的主要因素之一。

3. 消费环节与消费行为对农产品质量安全的影响研究。David 等（1996）通过对安全农产品与普通农产品之间消费需求关系的分析，从消费者为购买安全农产品所愿意支付的费用问题出发，揭示了消费环节影响农产品质量安全的相关因素。Marsden 等（1999）研究了消费偏好对生产供应的影响，并从零售环节和渠道维度提出了应对之策。Jacques Trienekens 等（2008）研究了消费者对食品安全的关心程度与食品质量标准的关系。冯忠泽和李庆江（2008）发现，消费者认知水平会在一定程度上影响农产品质量安全，而受教育程度、性别及家庭规模等则是影响消费者农产品质量安全认知水平的主要因素。P. Karipidisa 等（2009）研究发现，小规模企业的质量安全管理行为受到消费者食品安全需求的影响。马明远等（2009）研究指出，消费者在农产品质量安全治理中发挥着越来越重要的作用，因此要充分利用现代信息技术，发挥消费者在农产品质量安全中的监督作用。Owusu-Sekyere 等（2014）认为，消费者对安全农产品的偏好影响农业产业的健康发展。张蓓等（2014）研究发现，消费需求对农产品供应链企业质量安全控制意愿具有显著的正向影响。朱立龙和郭鹏菲（2017）研究指出，政府监管环节中的惩罚力度、寻租收益和寻租成本是影响农产品质量安全的重要因素。苏昕等（2018）认为，消费者参与监管的意愿对农产品质量安全具有重要影响，而消费者参与农产品质量安全监管的意愿受其质量感知能力、主观规范和行为态度等方面的影响。

4. 监管环节与制度体系对农产品质量安全的影响研究。金发忠（2008）认为，解决农产品质量安全问题的关键在于法制体系，即健全农产品质量管理法制体系；李江华（2008）以标准化理论为基础，对建立健全农产品质量安全标准体系进行了系统分析。杨艳涛（2008）认为，检测和认证体系不完善、可追溯制度没有建立、管理体制上存在分段监督和多头管理的制度缺陷是影响农产品质量安全的重要原因。Gijs A. Kleter 和 Hans J.P. Marvin（2009）研究指出，安全预警系统缺失是影响农产品质量安全的重要因素。钱建平等（2009）研究认为，政府监管和农产品质量安全信用评级指标体系的建设对农产品质量安全有着重要的影响。许红莲和胡愈（2013）指出，监管者“养鱼执法”行为是中国农产品质量安全问题的催化剂。Bavorova 等（2014）认为，在供给无序、信息不对称、市场失灵等多重因素的影响下，即便生产者提供的是安全产品，农产品质量安全体系仍可能不堪一击。因此，对单一主体的监管往往会失效，建立一个网络监管结构才是上上之策。杨信廷等（2014）认为，追溯系统对农产品质量安全有着非常重要的影响，要结合物联网的特点加快构建农产品质量安全追溯系统技术体系框架。赖永波和徐学荣（2014）从监管层面指出，监管缺位、监管错位和监管越位是中国农产品质量安全问题的重要影响因素，提出并构建了农产品质量安全监管协同治理的路径。田新霞和赵建欣（2016）指出，现阶段中国农产品质量安全管控体系已基本建立，但其存在的不足仍是农产品质量安全事件频发的原因。李太平和祝文峰（2017）在对生鲜农产品的特点进行分析的基础上，认为对产地农户生产行为的有效性监管是化解生鲜农产品质量安全风险的关键途径。

综上所述，国内外相关研究从不同侧面分析了影响农产品质量安全的多维因素。但“过程”分析的多，“源头”分析的较少；基于微观层面的多，聚焦宏观层面的较少。从国内研究来看，尤其是在分析农产品质量安全影响因素和设计农产品质量安全治理政策体系时，没有充分考虑中国经济社会发展转型的历史轨迹、城乡融合发展的纵深推进、农村改革和农业发展的深度转型以及不同区域之间的空间关联等因素。有鉴于此，本研究拟从这些方面对中国农产品质量安全的宏观影响因素和源头治理机制进行探索性研究，以期为新发展阶段下农产品质量安全治理提供新的思路和对策。

1.3 研究的主要内容

本研究拟从空间关联视角来揭示中国农产品质量安全的宏观影响因素，并构建农产品质量安全的源头治理机制。研究主要聚焦于以下七个方面的内容：

1. 中国农产品质量安全的政策现状与治理能力评估。梳理了中国当前农产品质量安全的主要法律和政策，并从保障能力、安全优质农产品认证发展和农产品质量安全检测合格率等方面分析了农产品质量安全政策的实施效果。然后从源头控制、标准化生产、品牌培育、风险防控、监管追溯等五个方面构建农产品质量安全治理能力综合评价指标体系，运用多指标综合评价法，对 2017 年中国各地区农产品质量安全治理能力进行了综合评价和分析。

2. 中国农产品质量安全水平的测度及其区域差异分析。分析中国农产品质量安全的基本形势，基于投入产出视角，从农业生产资料投入和安全优质农产品产出的角度出发，构建中国农产品质量安全评价指标体系，然后运用因子分析方法对 2008–2017 年中国各地区农产品质量安全水平进行测度，并对中国农产品质量安全水平的整体变化趋势进行分析，最后运用基尼系数和泰尔指数方法，对中国农产品质量安全水平的区域差异进行度量和分析。

3. 经济社会发展转型背景下中国农产品质量安全宏观影响因素的理论分析。在划分改革开放以来中国经济社会发展转型阶段的基础上，分析了各经济社会发展转型阶段的主要特征以及该阶段下中国农村改革和农业发展转型的相关政策及特征，然后分析了当前“整合凝聚期”下保障中国农产品质量安全的现实依据，进一步剖析乡村振兴战略背景下中国农村改革和农业发展转型面临的根本挑战。基于此，构建经济社会发展转型背景下中国农产品质量安全宏观影响因素的博弈理论模型。

4. 空间关联视角下中国农产品质量安全宏观影响因素的实证检验：基于省域层面。首先梳理国内外的相关研究，然后在研究设计环节建立实证模型、选择指标变量和构建权重矩阵，进一步运用 Moran’s I 指数对不同权重矩阵下农产品质量安全水平及其影响因素指标进行空间相关性检验，最后分别运用普遍面板模型和空间 Durbin 模型，从省域层面对中国农产品质量安全宏观影响因素进行了实证检验，并对其空间效应进行分解。

5. 中国农产品质量安全宏观影响因素的进一步检验：基于县域层面。首先从基层农产品质量安全治理角度引出“国家农产品质量安全县”创建的背景和重要意义，然后基于“国家农产品质量安全县”创建的视角对中国县域农产品质量安全现状进行分析，通过研究方法、样本和指标变量的选取，最后基于构建的 Probit 二元选择实证模型从县域层面对中国农产品质量安全宏观影响因素作进一步的检验和分析。

6. 国外农产品质量安全宏观防控与源头治理的经验。从农产品质量安全立法、监管模式、支撑保障体系等方面剖析了国外农产品质量安全的宏观防控经验，然后从农业投入品、土地、农民职业培训等方面分析了国外立法层面的农产品质量安全源头治理经验，从可追溯的监管模式、相关机构的职责、投入品和土地的监管等方面梳理了国外监管层面的农产品质量安全源头治理经验，从农兽药残留标准、质量检测体系、风险评估与预警机制等方面总结了国外保障层面的农产品质量安全源头治理经验。

7. 新时代下中国农产品质量安全宏观防控与源头治理的机制设计。基于空间关联视角下中国农产品质量安全宏观影响因素的实证检验结果，借鉴国外农产品质量安全宏观防控与源头治理的经验，从总体布局、因地制宜、区域协同、城乡融合等四个层面来构建新时代下中国农产品质量安全宏观防控与源头治理的机制。总体布局层面，从立法、监管、保障三个层面来谋划农产品质量安全宏观防控的长效机制；因地制宜层面，从政策落实、现状评估、短板攻关等方面来落实农产品质量安全源头治理的长效机制；区域协同层面，从政策沟通、资源配置、联防联控等方面来促进农产品质量安全源头治理的长效机制的形成；城乡融合层面，从收入分配、人才回流、产业融合等方面来驱动农产品质量安全源头治理的长效机制的形成。

1.4 研究思路及方法

研究思路：本研究从现实出发，首先对中国农产品质量安全治理政策现状和政策实施效果进行梳理和分析，通过构建指标体系对中国各地区农产品质量安全治理能力进行综合评价。然后在分析农产品质量安全总体形势的基础上，基于投入产出视角构建农产品质量安全评价指标体系，对中国各地区农产品质量安全水平进行测度，并进一步分析区域差异特征。基于改革开放以来中国经济社会发展转型的现实背景，通过博弈理论剖析中国农产品质量安全的宏观影响因素，从宏观层面找出农产品质量安全存在问题的根源。在此基础上，基于空间关联视角和中国的历史与现实数据，从省域层面运用空间 Durbin 面板模型揭示城镇化进程、农业劳动力流动、城乡收入差距、农产品价格波动、农业土地投入等宏观因素对中国农产品质量安全的影响机制，然后基于“国家农产品质量安全县”创建的视角，从县域层面运用 Probit 二元选择模型对中国农产品质量安全的宏观影响因素作进一步的实证检验。然后系统梳理国外农产品质量安全宏观防控与源头治理的经验，并探索构建新时代下中国农产品质量安全宏观防控与源头治理的长效机制，最后提炼研究结论并结合影响因素提出针对性的政策建议。

研究方法：方法选择坚持“适用性、可行性和前沿性”并重原则，以调查研究为基础，做到理论研究与实证研究的有机结合。在研究“中国农产品质量安全治理的政策现状与能力评估”时，主要理论分析方法是基于现实基础的逻辑演绎，得出理论结论并构建农产品质量安全治理能力评价模型，实证方法是多指标综合评价法；在研究“中国农产品质量安全水平测度及其区域差异分析”时，主要理论分析方法是历史分析法、比较分析法，得出理论结论并构建农产品质量安全评价模型，实证分析方法是因子分析法，分析区域差异运用的是基尼系数和泰尔指数方法；在研究“经济社会发展转型背景下中国农产品质量安全宏观影响因素的理论分析”时，主要方法是制度分析法、基于博弈理论建立数理模型；对“空间关联视角下中国农产品质量安全宏观影响因素的实证检验：基于省域层面”进行研究时，主要运用普通面板模型、空间 Durbin 面板模型和空间效应分解；对“中国农产品质量安全宏观影响因素的进一步检验：基于县域层面”进行研究时运用的是 Probit 二元选择模型；对“国外农产品质量安全宏观防控与源头治理的经验”进行研究时，主要方法是文献归纳法和对比分析法；在“新时代下中国农产品质量安全宏观防控与源头治理的机制设计”部分，主要方法是基于现实调查，运用系统论和控制论的方法，利用福利经济学的分析框架对中国农产品质量安全的宏观防控与源头治理机制进行设计。

1.5 研究的资料来源

研究所需的主要资料来源如下：

1. 国家统计局、农业农村部、国家农产品质量安全监管局、中国农产品质量安全网、中国绿色食品发展中心以及各地区农业行政主管部门网站、农产品质量安全网等官方网站。

2. 历年《中国统计年鉴》《中国农村统计年鉴》《中国县域统计年鉴

（县市卷）》《中国品牌农业年鉴》《中国农产品价格调查年鉴》以及各地区统计年鉴、国民经济和社会发展统计公报等。

3. 重庆市农委、工商局、质监局、农产品质量安全中心等地方相关部门的访谈资料。

4. 课题组在重庆、四川、贵州等地区对基层农业技术服务站、农业生产合作社、生产大户、农产品加工企业以及农民的调研和座谈资料。

5. 中央和地方相关法律法规文件。

6.《中国农村经济》《农业质量标准》《农产品质量安全》等专业期刊杂志以及相关专业网络资料。

第 2 章　中国农产品质量安全的政策现状与治理能力评估

系统梳理农产品质量安全的政策现状，科学评估政策实施效果和农产品质量安全治理能力，是建立经济社会发展转型背景下中国农产品质量安全防控宏观理论模型的基础，也是构建中国农产品质量安全宏观防控与源头治理机制的逻辑起点。本章首先在对中国农产品质量安全政策进行梳理的基础上，进一步分析中国农产品质量安全政策的实施效果，最后通过评价指标体系的构建对中国各地区农产品质量安全治理能力进行综合评价。

2.1 中国农产品质量安全政策的现状分析

2.1.1 国家法律层面

"法者，治之端也"[①]。对于农产品质量安全问题而言，法律不仅是治理这一世界性难题的前提和依据，也是最根本的保障。农产品质量安全关系着每一位公民的生命健康，为保障农产品质量安全，中国先后出台了多个国家法律。具体来看，可分为专项立法和相关立法。

（1）出台专项立法，奠定农产品质量安全法律依据。中国关于农产品质量安全的国家专项立法可追溯到1993年，即《中华人民共和国农业法》的颁布实施。2002年，《中华人民共和国农业法》经第九届全国人大常委会第31次会议通过作出了修订，要求从农业生产、农业投入与支持保护、农业教育、农业科技和农产品流通与加工等五个方面抓好农产品质量安全。2006年11月，《中华人民共和国农产品质量安全法》正式颁布并实施，

① 出自《荀子·君道篇第十二》。

旨在保障农产品质量安全，维护公众健康，促进农业和农村经济发展。这一法律的公布实施标志着我国的农产品质量安全治理迈上新的台阶，其中不仅对农产品质量安全标准进行了规定，还指出了保障农产品质量安全应包括的重点环节，包括农产品产地、生产、包装和标识、监督检查等。

从 20 世纪 90 年代到 21 世纪初，从《中华人民共和国农业法》到《中华人民共和国农产品质量安全法》，表明中国在农产品质量安全问题方面的立法在不断探索和进步，尤其是《中华人民共和国农产品质量安全法》的颁布，标志着中国农产品质量安全专项国家立法的正式诞生，从此农产品质量安全问题的治理有了真正意义上的、切实可靠的法律依据。

（2）出台相关立法，健全农产品质量安全保障体系。在农产品质量安全专项立法出现之前，在一些相关法律中已涉及农产品质量安全。其中最早可追溯到 1982 年颁布实施的《中华人民共和国商标法》（以下简称《商标法》）。2013 年，《商标法》经第十二届全国人大常委会第 4 次会议进行了第三次修正，其中提到了“地理标志”，为农产品质量认证体系的建设奠定了法律基础。1993 年，第八届全国人大常委会第 2 次会议通过《中华人民共和国农业技术推广法》，2012 年 8 月 31 日第十一届全国人大常委会第 28 次会议通过《关于修改〈中华人民共和国农业技术推广法〉的决定》，并对其进行了修正。该法具体包括农业技术推广体系、农业技术的推广与应用、农业技术推广的保障措施、法律责任等方面的内容，从生产技术方面给予了保障农产品质量安全的法律支撑。

此外，涉及农产品质量安全的法律还包括《中华人民共和国产品质量法》和《中华人民共和国食品安全法》。《中华人民共和国产品质量法》于 1993 年颁布实施，于 2000 年第九届全国人大常委会第 16 次会议进行了修正。其中涉及对产品质量安全的监管、责任和水平等方面的要求，以稳定经济社会秩序和保护消费者合法权益，这里的产品范围较广，包括农产品。《中华人民共和国食品安全法》最初于 2009 年第十一届全国人大常委会第7次会议通过，于2015年第十二届全国人大常委会第14次会议进行修订并颁布实施。食品安全与农产品质量安全息息相关，新修订的《中华人民共和国食品安全法》从多个环节强制规定了保障食品安全的措施，涉及安全标准、生产经营、风险监测评估、监督管理、检验、进出口、事故处置等环节。

2.1.2 生产与供给体系层面

农产品生产与供给体系是农产品质量安全隐患产生的源头。《中华人民共和国农产品质量安全法》（以下简称《农产品质量安全法》）的第三、四、五章分别从农产品的产地、生产、包装和标识等三个方面规定了我国农产品生产和供给体系的核心内容和运行机制。

（1）优化农业生产环境，加强对农产品产地的管理力度。从《农产品质量安全法》的内容来看，第三章对农产品产地要求和管理作了详细的规定，具体包括以下两个方面的内容：

第一，禁止在不安全的环境中进行农业生产。《农产品质量安全法》第三章中明确规定，按照保障农产品质量安全的严格要求，县级以上农业主管部门应对农业生产区域是否适宜农业生产进行评价，依据在于该区域土壤、水体、大气中有毒有害物质的实际情况和农产品品种的特性，对于评价结果为不适宜农业生产的区域，应设立为禁止生产区域，报同级人民政府批准后并予以公布。在此类区域范围内，不仅禁止农业生产，还禁止捕捞和采集食用农产品，更不允许建立农产品生产基地。

第二，建立优质农产品生产基地，优化农业生产环境。《农产品质量安全法》第三章中规定，县级以上人民政府和农业主管部门在建立优质生产基地和优化农业生产环境中负主要责任。人民政府负责统筹工作，通过推进优质农产品生产基地建设来改善农业生产条件。农业主管部门要在人民政府的领导下采取积极措施，推进示范农场、标准化生产综合示范区、无规定动植物疫病区和养殖小区的建设。第三章中还规定，禁止个人或单位违反相关法律法规，实行对农产品产地环境进行污染、破坏等行为，具体包括将废水、废气、固体废物或者其他有毒有害物质等在农产品产地范围内进行倾倒或排放。此外，还规定农产品生产者应合理使用农药、化肥、兽药、农用薄膜等生产资料，防止不当生产行为对产地造成污染。为了减少农产品生产过程对农产品生产环境的影响，各地区进行了不少创新。如云南各州市积极推广农作物病虫害防治新技术，如宾川县、元谋县推广运用频振式物理杀虫灯，运用物理防治与生物防治相结合的清洁技术方法，有效保证了农产品质量安全。

为保障农产品产地环境安全，中国还出台了多个行政法规。一是 2006 年颁布实施的《农产品产地安全管理办法》，其中明确了农产品产地安全的概念，即农产品产地的土壤、水体和大气等要素要符合生产质量安全农产品要求。农业部和县级以上农业行政主管部门分别负责全国农产品产地安全的监督管理和区域内农产品产地的划分和监督管理。二是 2016 年由国务院印发的《土壤污染防治行动计划》，其中明确指出要实施农用地分类管理，保障农业生产环境安全。此外，全国 23 个省（区、市）也相继制定了地方性的《农业环境保护条例》。

（2）规范农业生产流程，加强农业生产技术与投入品管理。《农产品质量安全法》第四章主要涉及农产品生产，其具体包括以下两方面的内容：第一，建立农业安全生产技术规程。其中第二十条规定，从国务院到各省际行政区域的农业行政主管部门，应当制定生产技术要求和操作规程以保障农产品质量安全，县级以上农业行政主管部门应当加强对地区农产品生产的指导。第二十三条规定，农业科研教育机构和农业技术推广机构应承担起责任，加强对农产品生产者的质量安全知识宣传和技能培训。第二十四条规定，农民专业合作经济组织和农产品生产企业应建立农产品生产记录档案，对农产品生产过程予以详细记录并保存两年。第二，严格农业投入品的管理。其中第二十一条规定，对农业投入品按有关法律、行政法规实行许可证制度，例如农药、肥料、兽药、饲料和饲料添加剂、兽医器械等可能影响农产品质量安全的投入品。省级以上农业行政主管部门应定期对上述农业投入品进行监督抽查，并及时公布抽查结果。第二十二条规定，县级以上农业行政主管部门要建立健全农业投入品安全使用制度，以加强对农业投入品使用的指导和管理。同时第二十五条还规定了农产品生产者对于农业投入品合理使用的要求，应严格遵守法律、行政法规和农业部的相关规定，在农产品生产过程中除了禁止使用国家明令禁止的农业投入品，还应严格执行农业投入品使用安全间隔期或者休药期的规定。

此外，为进一步加强农业投入品的管理，国务院还先后出台了针对饲料、兽药、农药等农业投入品的专项管理条例。《饲料和饲料添加剂管理条例》于 2011 年颁布实施，旨在加强对饲料和饲料添加剂的管理，通过提高其质量来保障动物产品质量安全，维护公众健康。为加强兽药管理，保证兽药质量，防治动物疾病，促进养殖业的发展，维护人体健康，2016 年 2 月 6 日《国务院关于修改部分行政法规的决定》对《兽药管理条例》进行了第二次修订。2017 年 2 月 8 日，国务院第 164 次常务会议修订通过了《农药管理条例》，从多个方面对农药的管理和质量进行了规定和要求，以保障农产品质量安全和人畜安全，保护农业、林业生产和生态环境。

（3）健全农产品标识制度，加强农产品包装和标识管理。《农产品质量安全法》第五章的主要内容就是农产品包装和标识，其具体内容包括以下三个方面：第一，强化标识行为。其中第二十八条规定，农民专业合作经济组织、农产品生产企业、从事农产品收购的单位或个人所销售的农产品，按照规定应附加标识或进行包装的，须经附加标识或进行包装后方可销售。标识或包装物上应当按照农业部的相关规定，对农产品的品名、产地、生产者、生产日期、保质期、产品质量等级或添加剂的名称等内容予以标明。第三十一条提到，动植物及其产品须依法实施检疫的，应当按规定附具其检疫合格证明或检验合格标识。第二，规范标识内容。第三十条对农业转基因生物类农产品的标识进行了说明，指出其标识应符合农业转基因生物安全管理的有关规定；第三十二条规定，销售的农产品可根据其符合的标准等级申请相应的标志，标准等级包括必须符合农产品质量安全标准或国家规定的有关优质农产品标准，符合标准的生产者可分别申请使用无公害农产品标志和相应的农产品质量标志。第三，强化包装管理。第五章第二十九条规定，用于农产品保鲜、包装、运输、贮存等过程中的保鲜剂、添加剂、防腐剂等材料，必须符合国家相关强制性的技术规范。

此外，为进一步规范农产品经营行为和加强对农产品包装、标识的管理，中国还颁布实施了相关专项法规。2006 年 9 月 30 日，以《中华人民共和国农产品质量安全法》为依据和基础，农业部第 25 次常务会议审议通过了《农产品包装和标识管理办法》，其中对农产品的包装和标识作了进一步具体的要求，以保障农产品质量安全。

2.1.3 质量标准与认证体系层面

农业生产大多是非工厂化生产，所以市场上的农产品参差不齐，质量标准不如工业品容易界定。但如果没有质量标准，农产品质量监管就无本可依，因此很多国家都将农产品质量标准和认证问题视为治理农产品质量安全问题的关键环节。中国现阶段采取的具体政策如下：

（1）建立农产品质量标准和认证的制定机制。在《中华人民共和国农产品质量安全法》第二章中，农产品质量安全标准从法律意义上得到阐释。其中第十一条指出，国家建立健全农产品质量安全标准体系，农产品质量安全标准作为强制性的技术规范，其制定和发布都必须严格按照有关法律和行政法规的规定进行。第十二条进一步对农产品质量安全标准制定的要求作了补充说明，不仅要充分考虑农产品质量安全风险评估结果，还应广泛听取农产品生产者、销售者和消费者的意见，保障农产品消费安全。第十三条还规定，农产品质量安全标准应根据科技水平和农产品质量安全的需要及时修订，对其实行动态管理机制。

此外，农业部为进一步规范和推进相关标准的制修订，相继制定出台了《农业标准化管理办法》《农业标准审定规范》《农药残留风险评估指南》等文件，对标准的规划、计划、立项、起草、审查、批准等环节作了明确规定；同时依托行业科研院所建立了农药残留、兽药残留、饲料等17个专业化的标准化技术委员会。

（2）建立多层次的农产品质量安全标准体系。中国农产品质量标准建设工作起步较晚，但发展迅速。1999年，农业部和财政部联合制定并实施了“农业行业标准制修订财政专项计划”，为农产品质量安全标准的制定修订按下了加速键。“十五”期间，农业部围绕农产品生产、加工、包装、贮运等环节，制定国家标准800余项、行业标准2235项，并且指导地方制定标准8000余项，是“十五”以前农业标准总量的1.6倍（农业部，2010）。截至“十二五”时期末，中国制定农药残留限量标准4140项、兽药残留限量标准1584项，基本覆盖中国常用农兽药品种和主要食用农产品。此外，农业部制定发布的农业行业标准达5121项，各地制定农业生产技术规范1.8万项。

农业部《“十三五”全国农产品质量安全提升规划》进一步指出要完善标准体系，加快制定农兽药残留、畜禽屠宰、饲料安全、农业转基因等国家标准，完善促进农业产业发展和依法行政的行业标准，基本实现农产品生产有标可依、产品有标可检、执法有标可判。支持地方加强标准集成转化，制定与国家标准、行业标准相配套的生产操作规程，让农民易学、易懂、易操作。鼓励规模生产主体制定质量安全内控制度，实施严于食品安全国家标准的企业标准。积极参与或主导制定国际食品法典等国际标准，开展技术性贸易措施官方评议，加快推进农产品质量安全标准和认证标识国际互认。

（3）以“三品一标”为导向，建立健全安全优质农产品认证体系。“三品一标”是中国政府主导的安全优质农产品公共品牌，包括绿色食品、有机农产品、无公害农产品和农产品地理标志。其中，“三品”在中国的认证起步较早，有着严格的法规标准（见表 2–1）。为进一步规范“三品一标”的认证和管理，近年来中国出台了多个相关法规。2007 年出台了《农产品地理标志管理办法》，2008 年出台了《无公害农产品产地认证与产品认证现场检查报告》，2009 年出台了《无公害农产品质量安全风险预警管理规范》，2012 年 6 月 13 日农业部第 7 次常务会议审议通过了《绿色食品标志管理办法》，这些相关制度规定有效地规范了“三品一标”的认证和管理。2016 年 5 月，农业部印发了《农业部关于推进“三品一标”持续健康发展的意见》，为进一步推动“三品一标”持续健康发展，发挥其促进农民增收、农业提质增效、农产品质量安全水平提高等作用指明了新的方向，提出了新的要求。

表 2–1　绿色食品、有机农产品和无公害农产品法规标准

<table>
<tr><th colspan="3">类别</th><th>绿色食品</th><th>有机农产品</th><th>无公害农产品</th></tr>
<tr><td rowspan="4">法规标准</td><td colspan="2">法律依据</td><td>农业部《绿色食品标志管理办法》，国家《商标法》《产品质量法》等有关证明商标注册、管理条文</td><td>中国有机产品国家标准：GB/T 19630</td><td>农业部颁布的《无公害农产品管理办法》</td></tr>
<tr><td rowspan="3">标准</td><td>性质</td><td>推荐性农业行业标准</td><td>以国际有机农业运动联盟的基本标准为代表的民间组织标准和各国政府推荐性标准并存。GB/T 19360 为推荐性国家标准</td><td>强制性国家及行业标准（产品标准、环境标准和生产资料使用准则）；推荐性农业行业标准（生产操作规程）</td></tr>
<tr><td>结构</td><td>环境质量、生产技术、产品质量、包装贮运等全程质量控制标准</td><td>生产、加工、包装、贮运技术标准及认证等全程质量控制标准，国际上无污染和产品质量标准。GB/T 19360 规定了产地环境质量标准</td><td>环境质量、生产技术、产品质量标准</td></tr>
<tr><td>水平</td><td>AA 级等效采用欧盟和 IFOAM 的有关标准的原则：A 级产品标准参照联合国粮农和世界卫生组织食品法典委员会（CAC）标准、欧盟质量安全标准，高于国内同类标准的水平。</td><td>强调可持续生产过程的构建，与传统所指的检测标准无可比性。标准一般比国家普通食品安全高，如我国有机蔬菜水果的农残限量标准是普通的 5%，即严格 20 倍</td><td>部分指标等同于国内普通食品标准：部分指标略高于国内普通食品标准</td></tr>
</table>

2.1.4 质量检测与监督体系层面

《中华人民共和国农产品质量安全法》(以下简称《农产品质量安全法》)第六章专门对中国农产品质量监督检查的体系制度进行了规定，具体内容主要包括以下几个方面：

（1）建立农产品质量安全监测制度。《农产品质量安全法》第六章第三十四条明确规定，农产品质量安全监测制度由国家建立，按照保障农产品质量安全的要求，县级以上农业行政主管部门应制定并组织实施地方农产品质量安全监测计划，对处于生产或销售环节的农产品进行监督抽查，抽查结果由农业部或省级农业行政主管部门按照权限予以公布。其中第三十七条还对农产品批发市场和销售企业的相关责任进行了规定。批发市场应委托或设立质检机构，对进场销售的农产品进行质量安全抽查检测；销售企业应建立健全其进货检查验收制度，经查验不符合质量安全标准的农产品，一律不得销售。

（2）建立农产品质量安全监测机构体系。《农产品质量安全法》第六章第三十五条规定，应充分利用符合条件的现有机构进行农产品质量安全检测。从事农产品质量安全检测的机构必须满足两个条件：一是应在农业部制定的制度下，通过省级以上农业行政主管部门或其授权的部门的考核，具备相应的检测能力和条件；二是必须依法经计量认证合格。

（3）建立农产品质量安全社会监督体系。《农产品质量安全法》第六章第三十八条指出，在农产品质量安全问题上，国家鼓励个人和单位对其进行广泛的社会监督。对于违反《中华人民共和国农产品质量安全法》的行为，任何个人和单位都有权对其进行检举、揭发和控告，且有关部门在收到检举、揭发和控告后应及时处理。

（4）建立农产品质量安全监督与处置相结合的有效机制。《农产品质量安全法》第六章第三十九条规定，在农产品质量安全监督检查中，县级以上的农业行政主管部门具有以下权力：一是有权对各环节的农产品进行现场检查，以及查阅和复制农产品质量安全相关的资料或相关记录；二是有权查封和扣押经检测不符合农产品质量安全标准的农产品。第四十条分别阐述了一般农产品质量安全事故和重大农产品质量安全事故的应对处置机制。农产品质量安全事故发生后，有关单位或个人应及时采取控制措施，并向当地乡级政府和县级农业行政主管部门及时报告情况，乡级政府和县级农业行政主管部门就事情情况应再向上一级汇报。若为重大事故，农业部门还应及时向同级的食品药品监督管理部门进行通报。第四十一条规定，在农产品质量安全监督管理中，县级以上农业行政主管部门应严格遵循责任追究制度，应查明危害公共安全农产品的相关责任人，依法及时提出处理建议或予以处理。

（5）建立部、省、县相互配套的农产品质量安全检验检测体系。“十二五”以来，中国大力推动农产品质量安全检验检测体系建设。农业部于 2012 年印发了《全国农产品质量安全检验检测体系建设规划（2011-2015 年）》，规划总投资达 72.02 亿元，其中中央投资和地方配套资金分别为 52.52 亿元和 19.5 亿元。经过“十二五”期间的努力，到 2015 年末，全国所有省（区、市）、86% 的地市、75% 的县（区、市）、97% 的乡镇建立了农产品质量安全监管机构，落实监管人员 11.7 万人。其中，30 个省（区、市）、276 个地市和 2332 个县（区、市）开展了农业综合执法，随着全国农产品检测技术比武练兵活动的组织和开展，农产品质量安全执法检测的水平和能力也得到了提高。深化实施全国农产品质量安全检验检测体系建设规划，支持建设部、省、地、县四级农产品质检机构 3332 个，落实检测人员 3.5 万人，每年承担政府委托检测样品量 1260 万个。

2.1.5 风险评估与预警体系层面

中国农产品质量安全风险评估与预警体系的建设相对较晚。体系尚未健全，目前已开展的工作主要为以下几个方面：

（1）组建农产品质量安全风险评估专家委员会。《中华人民共和国农产品质量安全法》中规定，国务院农业部应设立由有关方面专家组成的农产品质量安全风险评估专家委员会，以对影响农产品质量安全的潜在因素进行分析和风险评估。然后，农业部应及时向国务院有关部门通报风险评估结果，并根据风险评估结果采取对应的管理措施。为有效开展农产品质量安全风险评估工作，农业部会同卫生、食品药品、环境保护、检验检疫等部门，于2007年5月成立了国家农产品质量安全风险评估专家委员会。其主要职责是：针对我国农产品质量安全状况，提出并制定国家农产品质量安全风险评估的政策、规划以及风险评估准则等相关的规范性技术文件，提供农产品质量安全风险评估报告和农产品质量安全风险管理措施的建议。根据《国家农产品质量安全风险评估专家委员会章程》的规定，该专家委员会委员实行聘期制，一个聘期为5年。2012年12月，农业部组建了第二届国家农产品质量安全风险评估专家委员会，共有76名专家，涉及农学、兽医学、经济学、流行病学、微生物学等多个学科领域，涵盖农业、食品药品、质检、工商、卫生、环保等多个政府部门。

（2）组建风险评估实验室，建立多层级的农产品质量安全风险评估网络。2011年，农业部开始着力建设国家农产品质量安全风险评估网络体系，这一网络体系的基本架构主要包括风险评估机构、风险评估实验室以及主产区风险评估实验站。国家农产品质量安全风险评估机构目前挂靠在农业部农产品质量标准研究中心，但其基本功能还不健全。《农业部农产品质量安全风险评估实验室管理规范》中对国家农产品质量安全风险评估机构的责任作了规定，主要包括三个方面：一是负责农产品质量安全风险评估和监测的牵头实施工作；二是负责建设风险评估实验室及其业务规则，包括申报评审、考核评价和技术指导等多个环节；三是接受并承担省级以上农业行政主管部门所委托的农产品质量安全方面的工作。此外，国家农产品质量安全风险评估机构可根据影响农产品质量安全的危害因子类别，通过设立内部基准实验室来承担农产品质量安全的风险监测、评估和能力比对实验等任务。农产品质量安全风险评估实验室的主要任务则包括四个方面：一是负责授权范围内的风险监测、风险评估和交流任务；二是开展营养功能评价和科学研究；三是负责风险评估实验站建设的方案制定，并指导业务归口风险评估实验站的相关工作；四是接受并承担县级以上农业行政主管部门所委托的农产品质量安全相关工作。

风险评估实验室有两类，一类是专业性的，另一类是区域性的。专业性风险评估实验室主要从农科类重点高等院校和“部属三院”（中国农业科学院、中国热带农业科学院、中国水产科学研究院）所属研究机构中择优选建。区域性风险评估实验室主要从满足条件的省级农科院中择优选建，条件即建有专门农产品质量安全或者质量标准检测研究机构。农产品主产区风险评估实验站则主要从所在地区农科院（所）和省级（含省级）以下农产品质量安全检测机构中择优选建。风险评估实验室的重要任务在于：定期对风险监测和风险评估工作进行总结，及时将重大发现、突发性问题和政策建议向省级农业行政主管部门、国家农产品质量安全风险评估机构和农业部农产品质量安全监管局报告。此外，每半年还应向上述各级机构部门报告一次工作。2012 年 3 月，中国农产品质量安全风险评估实验室的建设在北京拉开帷幕，农业部在启动会上对首批 65 家农产品质量安全风险评估实验室进行授牌，其中专业性、区域性的农产品质量安全风险评估实验室分别为 36 个和 29 个。2013 年，农业部公布了第二批共 23 个农产品质量安全风险评估室，其中专业性、区域性的农产品质量安全风险评估实验室分别为 21 个和 2 个。2014 年，农业部增补了农业部动物产品质量安全生物性风险因子风险评估实验室等 10 个风险评估实验室，其中专业性风险评估室 8 个，区域性风险评估室 2 个。2015 年，农业部又增补了 2 家农产品质量安全风险评估实验室。2017 年，农业部分别增补了 5 家风险评估实验室和3家风险评估实验站，承担肥料、饲料及饲料添加剂、水环境、生物质发酵产品对农产品质量安全与营养品质影响评估和草产品、蜂产品及葡萄产品质量安全风险评估与营养品质评价工作。截至2017年底，农业部建立的农产品质量安全风险评估实验室和风险评估实验站分别达105家和148家，这些机构在中国农产品质量安全执法监管、生产指导、消费引导、应急处置、科普解读、贸易性技术措施研判等工作中发挥了重要作用。

2.2 中国农产品质量安全政策的实施效果

2.2.1 农产品质量安全保障能力进一步增强

（1）标准化生产基地建设。农产品生产环节是关系农产品质量安全与否的关键，中国近年来不断强调优化农产品生产环境，加快建设农产品标准化生产基地，从农产品生产供给层面来保障农产品质量安全。为分析中国近年来在农产品标准化生产基地建设上所取得的成绩，考虑到数据的可得性，下面将从绿色食品原料标准化基地建设以及农产品质量安全县（市）试点来进行分析。

从表2-2可以看出，2008-2017年，中国绿色食品原料标准化生产基地个数、规模、产量和带动农户在总体上都呈增长趋势。具体来看，2008年中国绿色食品原料标准化生产基地数为312个，此后逐年增加，到2016年为696个，2017年稍有下降，达678个；从生产规模来看，2008年为7538.0万亩，2016年首次突破了17000万亩，2017年稍有下降，为16387.4万亩；从产量来看，2008年为4221.0万吨，2017年增长到10673.2万吨；从带动农户数来看，2008年绿色食品原料标准化生产基地带动农户数为958.7万户，在2016年达到历史新高2198.3万户，2017年带动农户数有所减少，为2097万户。这些数据表明，近年来中国绿色食品原料标准化生产基地建设取得了非常好的成绩，基地数、规模、产量和带动农户数总体上均呈增长的趋势，说明农产品质量安全在生产供给层面得到了很大程度的保障。

表 2–2　2008–2017 年绿色食品原料标准化生产基地建设情况

年份	基地总数（个）	规模（万亩）	产量（万吨）	带动农户（万户）
2008	312	7538.0	4221.0	958.7
2009	432	10300.0	5717.6	1296.5
2010	479	11087.3	6530.4	1471.2
2011	536	12600.0	—	1603.2
2012	573	13708.0	8040.9	1995.1
2013	511	12952.2	7867.2	1722.8
2014	635	16005.5	10118.2	2010.0
2015	665	16853.0	10610.8	2130.0
2016	696	17300.9	10952.2	2198.3
2017	678	16387.4	10673.2	2097.0

资料来源：历年《中国绿色食品发展统计公报》

近年来，中国在建设绿色食品原料标准化生产基地的同时，也启动了国家农产品质量安全县的创建工作。县域作为中国农产品生产和质量安全监管的重点所在，国家农产品质量安全县的创建有利于推动农产品质量安全体系的完善，对于保障农产品质量安全和推动农业高质量发展具有重大意义。2014 年 11 月 25 日，农业部以农质发〔2014〕15 号文件印发了《国家农产品质量安全县考核办法》。经试点考核，2016 年底农业部命名了第一批农产品质量安全县（市），其中包括北京市房山区等 103 个县为“国家农产品质量安全县”，山东省威海市、广东省云浮市、四川省成都市和陕西省商洛市这 4 个“国家农产品质量安全市”。首批创建试点县（市）的农产品质量安全监测合格率比创建前提高了 2 个百分点，达 99.1%；群众满意度比创建前提高了 20 个百分点，达到 90%。2017 年，农业部将北京市大兴区等204个县、唐山市等11个市设立为第二批国家农产品质量安全县（市）创建试点单位。国家农产品质量安全县创建机制的建立健全，推动了创建单位数量的快速增长，对于探索高效的农产品质量安全基层监管模式，打造标准化生产、全程监管、监管体系建设和社会共治的样板区，促进地方全方位提高农产品质量安全保障能力有着非同寻常的意义。

（2）农产品质量安全标准制定。中国农产品质量安全标准的制定可追溯到1999年，即“农业行业标准制修订财政专项计划”的实施。21世纪以来，中国农兽药残留标准的制定逐步完善。2002年，农业部发布了《动物性食品中兽药最高残留限量》，对14种动物及其副产品中94种兽药的最高残留限量标准作了规定，共计多达551个限量标准和327个与之配套的残留检测方法。近年来，中国农药限量标准的更新速度非常之快。2016年，国家卫计委、农业部和食品药品监管总局联合发布了《食品安全国家标准 食品中农药最大残留限量（GB 2763–2016）》，其中涉及433种农药和13大类农产品，农药残留限量标准达4140个，已基本覆盖经批准使用的常用农药和主要农产品。

近年来，中国以“三品一标”质量认证标准为引领，积极推进品牌农业发展。与此同时，为充分发挥安全优质农产品品牌的示范带动作用，农业部不断加强农产品质量认证方面的标准建设。到2014年，中国无公害食品行业标准达949项，包括产品标准、环境标准、生产操作规程等，绿色食品标准505项，其中农业部发布的农业行业标准229项，有机食品标准41项，现行地理标志产品标准641项，基本建立了“三品一标”质量安全标准体系。此外，中国也在不断加强对国家标准和行业标准的制定完善。“十五”期间，农业部围绕农产品生产、加工、包装、贮运等环节，制定国家标准800余项，行业标准2235项，并且指导地方制定标准8000余项，是“十五”以前农业标准总量的1.6倍。截至“十二五”时期末，中国制定的农药残留限量标准和兽药残留限量标准分别达4140项和1584项，制定发布的农业行业标准和地方性农业生产技术规范分别达 5121 项和 1.8 万项。到 2017 年底，中国制定的农药残留限量标准累计达 5450 项，兽药残留限量标准达 2087 项，制定发布的农业行业标准多达 5704 项。

（3）农产品质量安全检验检测体系建设。从 20 世纪 80 年代中期开始，根据中国农业发展战略的要求，农业部开始加大力度建设和管理农产品质量安全检验检测体系。从检测队伍来看，2003 年前，农业部分四批规划建设的国家级农产品质检中心和部级农产品质检中心分别达 12 个和 268 个，各地区建设的各级农产品质检机构共达 1780 个，其中省级、地（市）级、县级的农产品质检机构数量分别为 219 个、439 个和 1122 个。2004 年底，中国农业系统各级质检机构数量达 2060 个，其中通过国家计量认证和农业部授权认可的部级质检中心达 201 个，通过国家计量认证的省、地（市）、县级质检机构约 400 个；检测条件得到改善，仪器设备总投资、实验室总面积、检测技术人员分别达 25.7 亿元、94.4 万平方米和 1.96 万人。2009 年底，全国农业系统各级质检机构 2225 个，在 2004 年的基础上增加了 165 个，增幅为 8%。与此同时，质检机构的基础设施和检测队伍都进一步发展壮大，检测能力进一步提高。2009 年底，中国农业系统各级质检机构的仪器设备总投资额、实验室总面积、检测技术人员分别增加到 48.3 亿元、131.4 万平方米和 2.29 万人，较 2004 年分别增长 87.9%、39.2% 和 16.9%。其中，全国各级质检机构人员中拥有硕士、博士学位的共计 2972 人，在 2004 年的基础上增加了 1918 人，增幅高达 181.97%。此外，各级农产品质检机构的业务布局更加合理，为农产品质量安全检测奠定了坚实的基础。

“十一五”计划时期，农业部根据《农产品质量安全体系建设“十一五”规划》的要求，加快了建设农产品质量安全检验检测体系的步伐。“十二五”计划时期，农业部根据《全国农业和农村经济发展第十二个五年规划》和《全国现代农业发展规划（2011–2015）》的要求，继续加大力度建设农产品质量安全检验检测体系工程。因此，“十一五”至“十二五”

期间，中国投入了大量专项资金，初步建成了包括部级、省级、市级、县级，呈“金字塔”状分布的农产品质量安全检验检测体系。从表2-3可知，两个五年计划期间中国总计建设农产品质量安全检测机构2598个，其中部级、省级、市级、县级检测机构分别为73个、36个、329个和2106个，投入经费共计130.53亿元。到2015年底，中国各级农产品质检机构总数达3332个，检测队伍达3.5万人，随着农产品质量安全检测队伍的发展壮大，农业部还采取了一系列相应的措施来提高相关部门农产品质量安全的执法检测能力。

表2-3 “十一五”、“十二五”期间农产品质量安全检测机构建设情况

类别	“十一五”建设期		“十二五”建设期		总计	
	数量（个）	经费（亿元）	数量（个）	经费（亿元）	数量（个）	经费（亿元）
部级检测机构	56	12.41	17	7.58	73	19.99
省级检测机构	36	8.65	—	2.24	36	10.89
市级检测机构	—	—	329	32.90	329	32.90
县级检测机构	1200	38.00	960	28.80	2106	66.80
合计	1292	59.06	1306	71.52	2598	130.58

资料来源：《全国农产品质量安全检验检测体系建设规划（2006-2010，2011-2015）》

表2-4 首批国家农业检测基准实验室情况

检测类别	实验室名称	依托单位	检测对象
农药残留	农业部环境质量监督检验测试中心（天津）	农业部环境保护科研监测所	蔬菜类农产品中农药残留
	农业部蔬菜水果质量监督检验测试中心（广州）	广东省农业科学院农产品公共监测中心	粮油类农产品中农药残留
	农业部食品质量监督检验测试中心（济南）	山东省农业科学院	特色作物类农产品中农药残留
	农业部农产品及转基因产品质量安全监督检验测试中心（杭州）	浙江省农业科学院	动物源性产品中农药残留

续表

检测类别	实验室名称	依托单位	检测对象
生物毒素	农业部油料及制品质量监督检验测试中心	中国农业科学院油料作物研究所	农产品生物毒素
	农业部水产品质量监督检验测试中心（上海）	中国水产科学研究院东海水产研究所	水产生物毒素
水产品药物残留	国家水产品质量监督检验中心	中国水产科学研究院黄海水产研究所	水产品中药物残留及非法添加物
饲料非法添加物	国家饲料质量监督检验中心（北京）	中国农业科学院农业质量标准与检测技术研究所	饲料及饲料添加剂中药物、非法添加物及环境污染物
奶及奶制品污染物	农业部奶及奶制品质量监督检验测试中心（北京）	中国农业科学院北京畜牧兽医研究所	奶及奶制品中污染物
重金属	农业部稻米及制品质量监督检验测试中心	中国水稻研究所	农产品中重金属

资料来源：中华人民共和国农村农业部

农业检验检测体系提供专业的技术支撑，是各级农业行政主管部门依法履行职责的重要条件保障，更是保障农产品质量安全、强化公共服务和发展现代农业的重要手段。2017 年，农业部公布了首批 10 个国家农业检测基准实验室，负责农药残留、生物毒素、水产品药物残留、饲料非法添加物、奶及奶制品污染物和重金属的检验检测（见表 2–4）。国家农业检测基准实验室的成立标志着我国农业检验检测体系的建设迈上新的台阶，将有力推动中国农业检验检测技术服务水平和农业检验检测领域核心竞争力的提升，为提高农产品质量安全水平、实施质量兴农战略提供更有力的保障。

（4）农产品质量安全风险评估机构建设。如表 2–5 所示，中国农产品质量安全风险评估实验室的建设启动于 2012 年，农业部在北京召开的启动会上向首批 65 家农产品质量安全风险评估实验室进行授牌，其中专业性风险评估实验室和区域性风险评估实验室个数分别为 36 个和 29 个。2013 年，农业部公布了第二批共 23 个农产品质量安全风险评估实验室，其中专业性和区域性的风险评估实验室个数分别为 21 个和 2 个。2014 年，农业部增补了 10 个风险评估实验室，其中专业性风险评估实验室 8 个，区域性风险评估实验室 2 个。2015 年，农业部又增补了 2 个专业性农产品质量安全风险评估实验室。2016 年没有新增农产品质量安全风险评估实验室。2017 年，农业部再增补 5 个专业性农产品质量安全风险评估实验室和 3 个风险评估实验站，主要承担肥料、饲料及饲料添加剂、水环境、生物质发酵产品对农产品质量安全与营养品质影响评估和草产品、蜂产品及葡萄产品质量安全风险评估与营养品质评价工作。

表 2-5　2012-2017 年新增农产品质量安全风险评估实验室情况

年份	2012	2013	2014	2015	2016	2017
专业性风险评估实验室（个）	36	21	8	2	0	5
区域性风险评估实验室（个）	29	2	2	0	0	0
新增合计（个）	65	23	10	2	0	5

数据来源：国家农产品质量安全公共信息平台

从图 2-1 可以看出，2012-2017 年间，中国农产品质量安全风险评估实验室总数呈快速增长的趋势。具体来看，2012 年中国风险评估实验室总数为 65 个，2013 年增加到 88 个，2014 年增加到 98 个，2015 年和 2016 年均为 100 个，到 2017 年中国农产品质量安全风险评估实验室达 105 个。从实验室的分类来看，专业性农产品质量安全风险评估实验室数量增长较快，从 2012 年的 36 个增长到 2017 年的 72 个，在五年时间内刚好增长了一倍。而区域性农产品风险评估实验室数量变化不大，2012 年为 29 个，2013 年和 2014 年均增长了 2 个，到 2017 年共 33 个。截至 2017 年年底，农业部建立的农产品质量安全风险评估实验室、实验站数量分别达 105 个和 148 个，这些机构在农产品质量安全执法监管、生产指导、消费引导、应急处置、科普解读、贸易性技术措施研判等工作中发挥了重要的技术支撑作用。

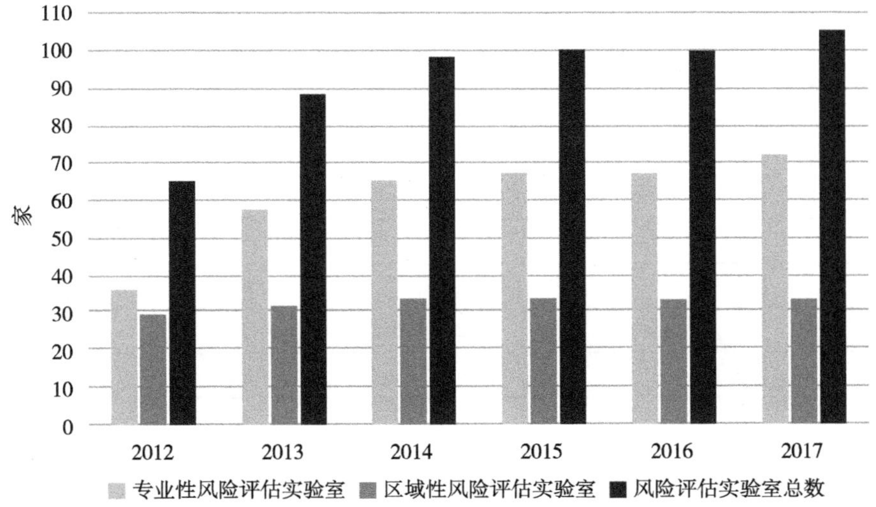

图 2-1　中国农产品质量安全风险评估实验室建设情况

2.2.2 安全优质农产品公共品牌跨越式发展

（1）绿色食品生产与认证。1990 年，中国正式宣布开始发展绿色食品，当年年底绿色食品认证企业数、产品数分别为 63 个和 129 个。经过十多年的发展，到 2008 年，中国有效使用绿色食品标志的企业总数、产品总数分别达到 6716 个和 17512 个，除 2009 年数量有所减少外，此后逐渐增长，到 2017 年底，中国有效使用绿色食品标志的企业总数、产品总数分别达到 10895 个和 25746 个。随着中国绿色食品认证规模的不断扩大，绿色食品的产值也在不断增加。2008 年中国绿色食品的年销售额为 2597 亿元，出口额为 23.2 亿美元，此后绿色食品年销售额和出口额波动幅度较大，2017 年绿色食品年销售额和出口额分别达到 4034 亿元和 25.45 亿美元（见表 2-6）。

表 2-6　2008-2017 年绿色食品整体发展情况

年份	企业总数（个）	产品总数（个）	年销售额（亿元）	出口额（亿美元）
2008	6716	17512	2597.00	23.20
2009	6003	15707	3162.00	21.60
2010	6391	16748	2823.80	23.10

续表

年份	企业总数（个）	产品总数（个）	年销售额（亿元）	出口额（亿美元）
2011	6622	16825	3134.50	23.00
2012	6862	17125	3178.00	28.40
2013	7696	19076	3625.20	26.04
2014	8700	21153	5480.50	24.80
2015	9579	23386	4383.20	22.80
2016	10116	24027	3866.00	25.11
2017	10895	25746	4034.00	25.45

数据来源：中国绿色食品发展中心官网

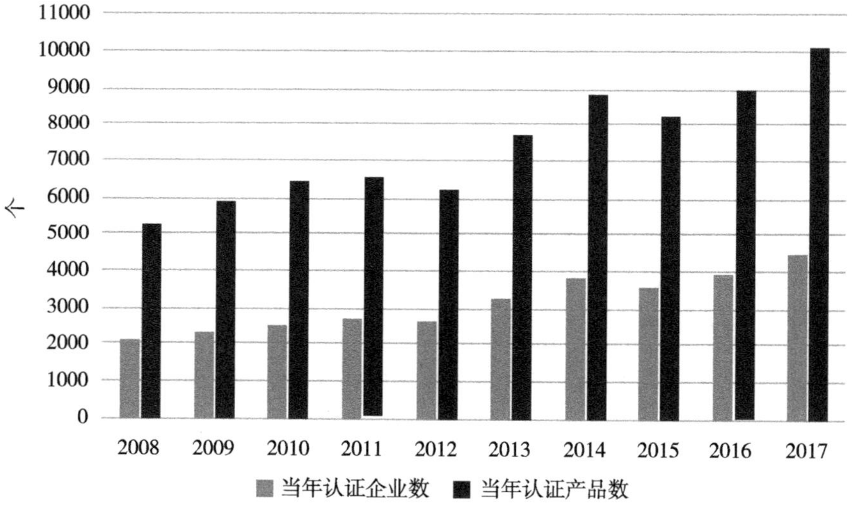

图 2–2　2008–2017 年绿色食品认证发展情况

从图 2–2 可以看出，2008–2017 年中国绿色食品认证呈良好的趋势，认证企业数和认证产品数总体上都呈增长的趋势。具体来看，2008 年绿色食品当年认证企业数、当年认证产品数分别为 2115 个和 5256 个，2010 年当年认证企业数和当年认证产品数分别为 2526 个和 6347 个。经过“十二五”期间的发展，到 2015 年中国绿色食品当年认证企业数和认证产品数分别增加到 3562 个和 8228 个。可以看出，2012 年是一个“分水岭”，2008–2012 年中国绿色食品当年认证企业数和当年认证产品数增长速度较慢，而 2013–2017 年中国绿色食品当年认证企业数和当年认证产品数增长较快。2017 年底，中国绿色食品当年认证企业数和当年认证产品数均创历史新高，分别达 4422 个和 10093 个，表明中国绿色食品品牌建设取得了显著成果。

（2）有机食品生产与认证。有机食品在国际上泛指无污染天然食品，也被称为生态食品或生物食品。中国有机食品的认证发展起步较晚，2005 年底，经中绿华夏认证的有机食品企业数、产品种类数分别为 416 个和 1249 个，有机产品的国内、国际销售额分别为 37.1 亿元和 1.36 亿美元。到 2006 年底，中绿华夏认证的有机食品企业数、产品数分别为 601 个和 2647 个，分别占全国总量的 26% 和 56%；认证的产地面积共计 264 万公顷，占全国总量的 50%；有机产品的国内、国际销售额分别为 61.7 亿元和 1.6 亿美元[①]。"十二五" 期间，中国有机产品取得了快速的发展。2013 年，中国有机产品认证机构为 23 家，证书数量为 9957 个，获证企业为 6051 个，种植面积为 128.7 万公顷，种植产量为 706.8 万吨。2014–2015 年，中国有机食品认证机构、证书数量和获证企业均有所增加，证书数量和获证企业均突破了一万个。2015 年年底，共有 10949 家生产企业获得了中国标准的有机产品认证证书 11499 张，全国境内 34 个省级行政区域均有分布。同时中国紧抓有机产品的生产质量，因此种植面积和种植产量均有所下降。"十三五" 期间，中央和地方政府出台了一系列政策支持有机产业的发展，中国有机产业步入了快速发展阶段。2016 年，有机产品认证机构增加到 31 家，种植面积和种植产量几乎都翻了一番，分别达 180.1 万公顷和 1053.8 万吨。2017 年，中国有机产品认证机构达 45 家，证书数量和获证企业分别达 18330 个和 11835 个，种植面积和种植产量分别为 302.3 万公顷和 1329.7 万吨（见表 2–7）。

---

① 资料来自中绿华夏有机食品认证中心官网：http：//www.ofcc.org.cn.

表 2-7 2013-2017 年有机产品认证发展情况

年份	认证机构（家）	证书数量（个）	获证企业（个）	种植面积（万公顷）	种植产量（万吨）
2013	23	9957	6051	128.7	706.8
2014	23	11499	8792	112.4	690.3
2015	24	12810	10949	92.7	572.9
2016	31	15625	10106	180.1	1053.8
2017	45	18330	11835	302.3	1329.7

数据来源：《中国有机产业与有机产品认证发展（2018）》

图 2-3 反映了 2008-2017 年中国有机产品认证证书的发展趋势，从图中可以看出中国有机产品认证累计发证量呈不断增长的趋势。具体来看，2008 年中国有 2688 张有机产品认证证书，此后逐年增加，2014 年有机产品累计发证量已突破一万张，为 11499 张。2017 年中国有机产品累计发证量达 18330 张，是 2008 年的 6.8 倍。从增幅来看，2008-2017 年间中国有机产品认证证书增幅的波动较大，总体呈倒 U 型趋势。具体来看，2008 年的增幅为 13.41%，2012 年增幅 47.33%，为区间最高值，2015 年增幅

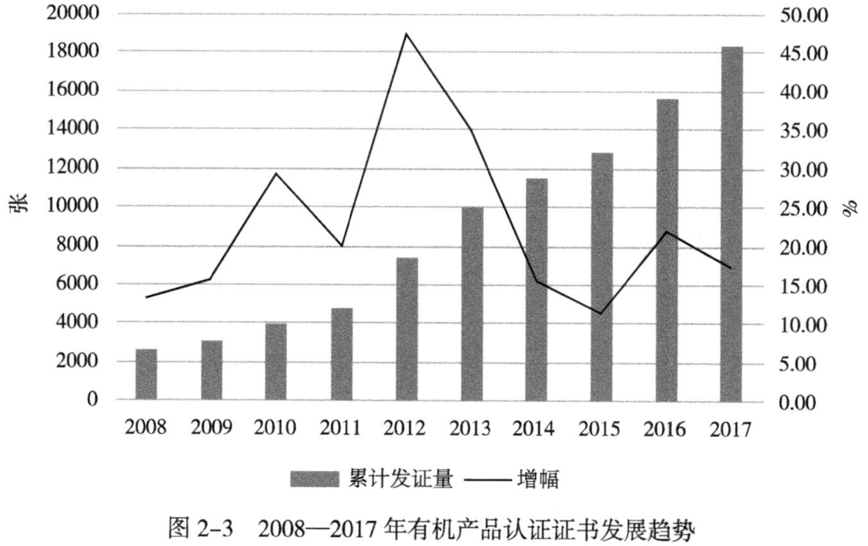

图 2-3 2008—2017 年有机产品认证证书发展趋势

11.4%，为区间最低值，2017 年增幅为 17.31%。2012 年可看作是有机产品认证证书增幅的分水岭，反映出中国有机产业经历了从数量扩张到质量提升的不同发展阶段。

（3）无公害农产品生产与认证。无公害农产品的认证在中国可追溯到 2003 年，即“无公害食品行动计划”的实施。随着无公害农产品认证体系的不断完善和发展，其已成为中国农产品质量认证和农产品质量安全管理工作的重要内容。经过 10 多年的发展，中国无公害农产品的认证规模大幅增加。到 2015 年底，中国认证且有效的无公害农产品产品数、产地数分别为 7.8 万个和 3.5 万个，总产量占同类农产品的 12%，产地面积约占耕地面积的 13.7%。与“十一五”末相比，“十二五”末中国有效无公害农产品的获证主体数和产品个数分别增长了 45.7% 和 45.2%。2015 年，全国共评审通过 24279 个无公害农产品，其中新认证产品和复查换证产品分别为 14302 个和 9977 个，连续四年的认证产品数均突破 2 万个大关；全国共备案 14757 个无公害农产品产地，其中新认定产地和复查换证产地分别为 9722 个和 5035 个。2016 年，中国无公害农产品认证企业数达到 10833 个，其中种植业、畜牧业和渔业分别为 6564 个、2632 个和 1637 个；无公害合格产品数达 21253 个，其中种植业、畜牧业和渔业分别为 15025 个、2768 个和 3460 个；无公害农产品总规模达 614.97 万公顷，其中种植业、畜牧业和渔业分别为 458.96 万公顷、7.81 万头和 148.2 万公顷；无公害农产品的产量高达 5574.1 万吨，其中种植业、畜牧业和渔业分别为 5051.01 万吨、410.28 万吨和 112.81 万吨；全国无公害农产品产地合计达 11770 万个，其中种植业、畜牧业和渔业无公害产地分别为 7247 个、3071 个和 1452 个（见表 2–8）。

表 2-8　无公害农产品认证发展情况（2016 年）

分类	企业数（个）	合格产品数（个）	总面积（万公顷）	产量（万吨）	产地（个）
种植业	6564	15025	458.96	5051.01	7247
畜牧业	2632	2768	7.81	410.28	3071
渔业	1637	3460	148.20	112.81	1452
合计	10833	21253	614.97	5574.10	11770

数据来源：中国绿色食品发展中心

（4）农产品地理标志认证。中国农产品地理标志的认证起步较晚，可追溯到 2007 年底，即《农产品地理标志管理办法》的出台，该办法制定的法律依据在于《中华人民共和国农业法》和《中华人民共和国农产品质量安全法》。2008 年 2 月，《农产品地理标志管理办法》正式由农业部颁布实施，旨在规范我国农产品地理标志的认证和使用，通过保障特色和品质来提升地理标志农产品的市场竞争力。从图 2-4 可以看出，经过 10 年时间的发展，中国农产品地理标志认证数从 2008 年的 121 个增长到 2017 年的 2242 个。具体来看，自 2008 年以来，中国农产品地理标志数逐年增加，2012 年突破 1000 大关，达 1047 个，2016 年突破了 2000 大关，达 2004 个。从增长量来看，十年间增长量位列前三的年份分别是 2010 年、2013 年和 2011 年，增长量分别为 333 个、328 个和 300 个。从增幅来看，中国农产品地理标志认证增长幅度经历了高速上升—波动下降—趋于平稳的三个阶段。具体来看，2009-2010 年为高速增长阶段，2010 年增长幅度达 164.85%；2011-2013 年为波动下降阶段，增幅波动范围较大；2014-2017 年为稳定阶段，增幅均在 20% 的水平以下。说明中国农产品地理标志认证经历了快速发展阶段，当前已进入提质增效的稳定发展阶段。

此外，中国农产品地理标志认证的发展不仅仅体现在认证数量的增长，还体现在结构的变化上。2008 年，中国农产品地理标志数为 121 个，其中种植业、畜牧业和渔业分别为 102 个、16 个和 3 个；2017 年，中国农产品地理标志数增长到 2242 个，中国三大类农产品地理标志，即种植业、畜牧业和渔业分别为 1697 个、356 个和 189 个。从图 2-5 可以看出，随着农产品地理标志总数的增长，中国三大类农产品地理标志的占比结构也发生了变化，2008 年种植业、畜牧业和渔业三大类农产品地理标志占比分别为 84%、13% 和 3%，2017 年种植业、畜牧业和渔业三大类农产品地理标志占比分别为 76%、16% 和 8%。可以看出，中国农产品地理标志认证发展中种植业所占比重有所下降，而畜牧业和渔业的比重在上升，说明中国农产品地理标志认证的结构在逐渐优化。

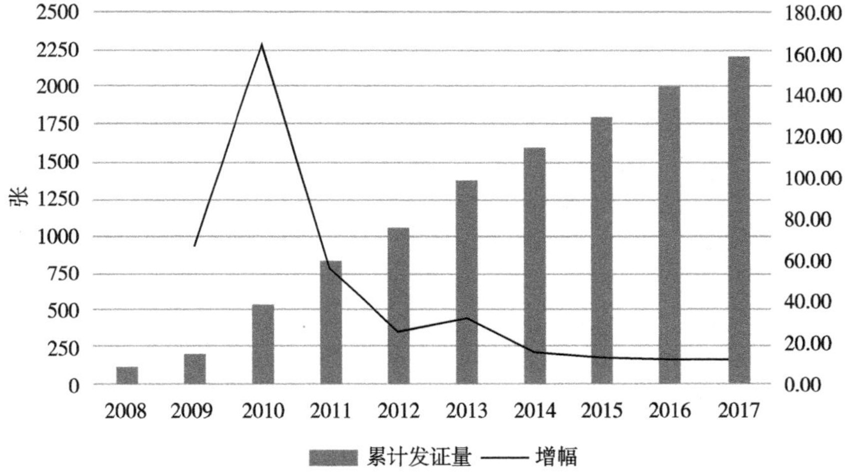

图 2-4　2008-2017 年农产品地理标志认证情况

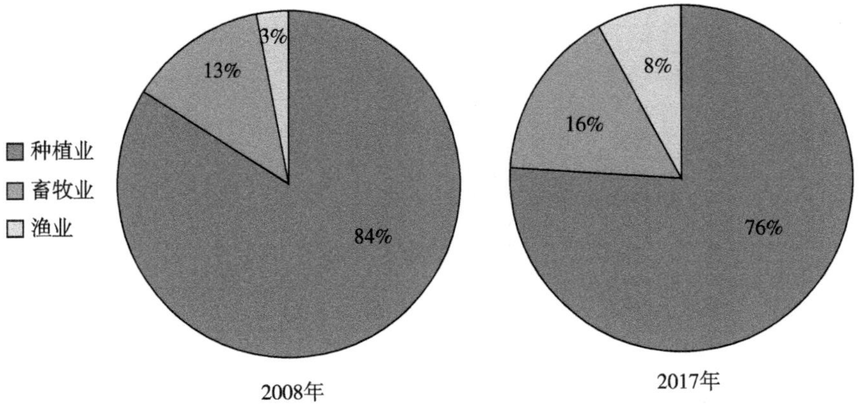

图 2-5　2008-2017 年三大类农产品地理标志占比变化情况

2.2.3 农产品质量安全监测合格率稳中有升

（1）农产品总体抽查合格率。中国农产品质量安全例行监测工作启动于 2012 年，即农业部出台《农产品质量安全监测管理办法》。该办法明确规定农产品质量安全监测的主要内容包括两个方面：一是农产品质量安全监督抽查；二是农产品质量安全风险监测。

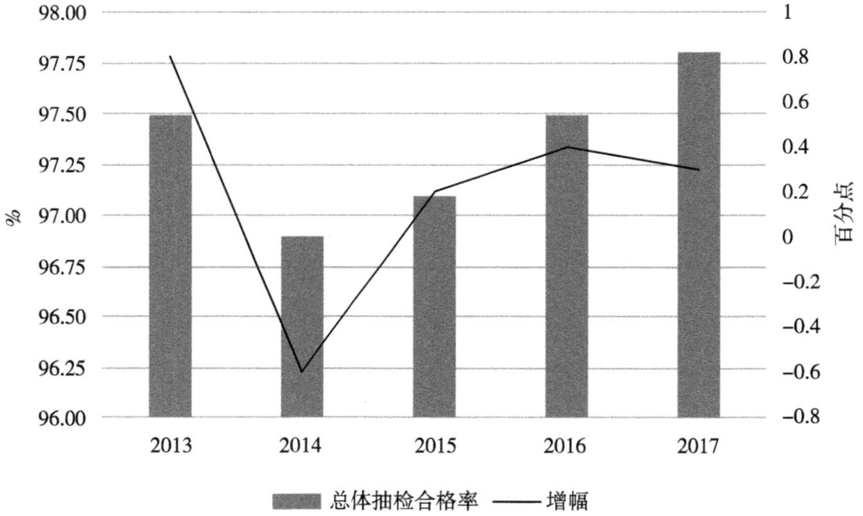

图 2–6　2013–2017 年农产品总体抽查合格率

图 2–6 展示了 2013–2017 年农产品总体抽查合格率的变化情况。从中我们可以看出，自 2012 年《农产品质量安全监测管理办法》出台以来，中国农产品总体抽检合格率和增幅均呈波动上升趋势，大致呈现出“U 型”分布特征。具体来看，2013 年中国农产品总体抽检合格率为 97.5%，2014 年和 2015 年的抽检合格率分别为 96.9% 和 97.1%，较 2013 年有一定程度的下降，2016 年中国农产品总体抽检合格率为 97.5%，与 2013 年的水平持平，2017 年中国农产品总体抽查合格率为 97.8%，创历史新高。从增幅来看，除 2014 年为负增长外，其余年份均为正增长。其中，2013 年的增幅最大，增幅达 0.8 个百分点；2015 年过后增幅较为稳定，2017 年增幅为

0.3 个百分点。综合来看，2013–2017 年中国农产品总体抽查合格率平均水平为 97.36%，年均增幅为 0.22 个百分点，整体趋势良好。

（2）主要农产品抽查合格率。2013 年，农业部共进行了 4 次农产品质量安全风险监测工作，地区涉及全国 153 个大中城市，内容涉及五大类农产品的 103 个品种和 87 项指标，抽检样品共 38984 个。监测结果显示，蔬菜、水果、畜禽产品、水产品和茶叶的合格率分别为 96.6%、96.8%、99.7%、94.4% 和 98.1%。此后，农业部每年均按季度开展 4 次监测工作。2015 年，农业部的监测涉及全国 31 个省份共 152 个大中城市，监测内容涉及五大类产品的 117 个品种和 94 项指标，抽检样品共 43998 个。监测结果显示，蔬菜、水果、畜禽产品、水产品和茶叶的合格率分别为 96.1%、95.6%、99.4%、95.5% 和 97.6%。2017 年，农业部的监测涉及全国 155 个大中城市，监测内容涉及五大类农产品 109 个品种和 94 项指标，抽检样品 42728 个。监测结果显示，蔬菜、水果、畜禽产品、水产品和茶叶的合格率分别为 97.0%、98.0%、99.5%、96.3% 和 98.9%（见图 2–7）。

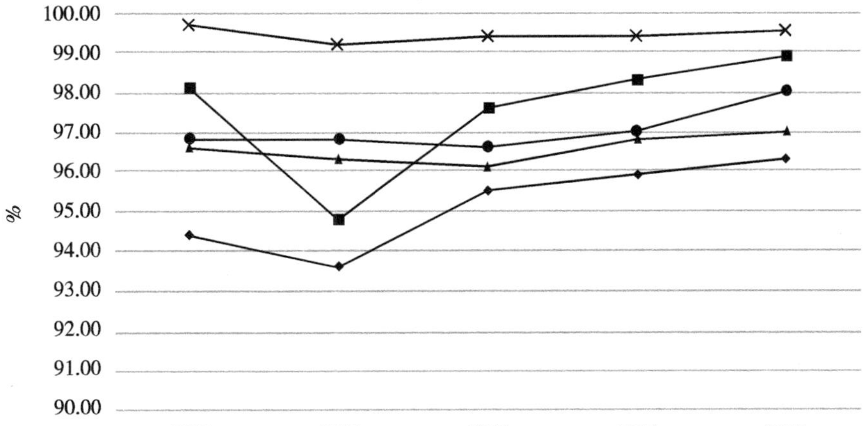

图 2–7　2013–2017 年主要农产品抽查合格率

综合来看，2013–2017 年中国主要农产品抽查合格率呈良好趋势。如

图 2-7 所示，在五大类主要农产品中，畜禽产品的抽查合格率始终最高，每年都保持在 99% 的水平以上；而水产品的抽查合格率每年都处于最后一位，其近年合格率均未超过 97%。不难发现，畜禽产品的抽查合格率维持在一个较高水平，而茶叶、水果、蔬菜和水产品的抽查合格率总体上都呈现出上升趋势，2017 年的抽检合格率均在 96% 的水平以上。可见，近年来中国农产品质量安全趋势良好。

2.3 中国各地区农产品质量安全治理能力的综合评价

2.3.1 指标体系的构建

基于上述对中国农产品质量安全治理政策现状的分析，故采取“自上而下”与“自下而上”相结合的方法来筛选农产品质量安全综合治理的评价指标。一方面，根据国家农业现代化规划、质量兴农战略和农产品质量安全保障工程的要求，对农产品质量安全综合治理能力的内涵要求进行系统梳理，大体上包括源头控制、标准化生产、品牌带动、风险防控、监管追溯等方面。另一方面，结合指标数据的可得性，剔除具有很强相关性或替代性的指标，最终筛选出 5 个一级指标、15 个二级指标和 28 个三级指标（见表 2-9）。

表 2-9　农产品质量安全综合治理能力评价指标体系

一级指标	二级指标	三级指标	指标效应
源头控制	要素投入水平	单位面积农药施用强度	负向
		单位面积化肥施用强度	负向
		单位面积农膜施用强度	负向
	从业人员素质	每万农村人口拥有的农业技术人员数	正向
		农村人口平均受教育年限	正向
	农业科技创新	每万农村人口拥有授权的的植物品种权数	正向
		每万农村人口拥有授权的农业发明专利数	正向

续表

一级指标	二级指标	三级指标	指标效应
标准化生产	基地建设	每百万人拥有的现代农业示范区个数	正向
		每百万人拥有的农业标准化示范县（场）个数	正向
	产出水平	人均绿色食品原料标准化产量	正向
		人均有机农产品标准化产量	正向
		人均无公害农产品标准化产量	正向
品牌培育	绿色食品	单位面积绿色食品标识产品数	正向
		每百万人拥有认证的绿色食品企业数	正向
	有机农产品	单位面积有机农产品标识产品数	正向
		每百万人拥有认证的有机农产品企业数	正向
	无公害农产品	单位面积无公害农产品标识产品数量	正向
		每百万人拥有认证的无公害农产品企业数	正向
	农产品地理标志	每百万人拥有认证的农产品地理标志数	正向
	名特优新农产品	每百万人拥有认证的名特优新农产品品牌	正向
风险防控	质量检测	每百万人口拥有的农产品质量安全检测机构数量	正向
		每万平方公里农产品质量安全检测机构数	正向
	风险评估	每百万人口拥有的农产品质量安全风险评估实验室数量	正向
		每万平方公里农产品质量安全风险评估实验室数量	正向
监管追溯	信息化水平	信息社会指数	正向
	财政支持力度	人均农产品质量安全专项财政支出水平	正向
		农产品质量安全专项财政支出占农业支出比	正向
	引领示范能力	农产品质量安全示范县（市、区）创建率	正向

2.3.2 评价方法及结果

（1）数据的来源及处理。根据指标数据的可得性，本研究选取 2017 年中国 31 个省（直辖市、自治区）的相关数据来测算农产品质量安全综合治理能力指数和一级分指数，计算各三级指标的相关数据来自《中国统计年鉴》《中国农村统计年鉴》《中国人口和就业统计年鉴》《中国信息年鉴》、国家统计局专利数据库、中国农产品质量安全网、中国绿色食品发展中心、中华人民共和国农业农村部农产品质量安全监管司以及各地区财政部门官网、统计年鉴等。

农产品质量安全综合治理能力评价指标体系涉及多个三级指标，须进一步对各指标数据进行标准化处理，以消除各变量指标量纲不同的影响，本研究采用被普遍使用的极值法将指标值转换成 0 ~ 1 之间的数值。由于多个指标基础数据值差异化程度较大，参照魏琦等（2018）的做法，除农村人口人均受教育年限和信息化指数这两个离差较小的指标外，其余指标均采取对数形式进行标准化处理。具体的标准化公式如下：

$$X_{ij}^{*}=\begin{cases}(X_{ij}-X_{i,\min})/(X_{i,\max}-X_{i,\min}) & if\ X_{ij}\in E^{+}\\(X_{i,\max}-X_{ij})/(X_{i,\max}-X_{i,\min}) & if\ X_{ij}\in E^{-}\end{cases}\qquad(2.1)$$

其中，X_{ij} 为第 j 个地区第 i 个指标的基础数据，X_{ij}^{*} 为 X_{ij} 标准化后的值，即评估系数，E^{+}、E^{-} 分别表示正、负向效应，所对应的公式分别对正、负向指标进行标准化处理。因此，各指标评估系数与其对农产品质量安全治理能力的贡献成正比，总指数越大则表明农产品质量安全治理能力越强。

（2）评价结果。根据农产品质量安全综合治理能力评价指标体系、标准化后的评估系数及等权重法确定的指标权重，我们可进一步利用多指标综合评价模型来测算农产品质量安全综合治理指数。中国各地区农产品质量安全综合治理指数的测算公式如下：

$$I_{j}=\sum w_{i}X_{ij}^{*}\times 100\qquad(2.2)$$

其中，w_i 表示第 i 项指标的权重值，X_{ij} 为第 j 个地区第 i 个指标的基础数据，X_{ij}^{*} 为 X_{ij} 标准化后的值，I_j 表示第 j 个地区的农产品质量安全综合治理指数的数值，数值越大则表明农产品质量安全治理能力越强。

根据公式（2.2）的计算方法，可测算得到 2017 年中国 31 个省份农产品质量安全治理总指数的分值，以及源头控制、标准化生产、品牌培育、风险防控和追溯监管等五个一级分指数的得分值，并根据各地区总指数和各一级分指数的分值进行排名（见表 2–10）。

表 2–10　2017 年中国各地区农产品质量安全治理指数得分及排名情况

排名	农产品质量安全治理总指数		农产品质量安全治理一级分指数									
			源头控制		标准化生产		品牌培育		风险防控		监管追溯	
1	北京	76.84	黑龙江	13.76	黑龙江	17.37	山东	15.48	北京	18.29	上海	18.53
2	上海	76.22	北京	12.49	宁夏	17.19	江苏	15.29	上海	18.16	北京	17.30
3	天津	71.33	上海	11.81	海南	15.33	上海	14.69	天津	16.07	天津	16.51
4	宁夏	66.29	内蒙古	11.75	天津	14.84	北京	14.47	宁夏	16.00	海南	13.60
5	江苏	63.20	吉林	11.57	辽宁	14.58	浙江	13.41	浙江	14.60	浙江	12.52
6	黑龙江	62.89	天津	11.42	北京	14.30	福建	13.37	山东	14.33	广东	11.94
7	山东	62.87	宁夏	11.05	山东	14.13	重庆	13.28	海南	14.31	江苏	11.79
8	辽宁	61.42	贵州	10.54	新疆	13.20	黑龙江	13.16	江苏	13.04	福建	11.42
9	浙江	60.17	江苏	10.45	上海	13.03	江西	13.11	辽宁	12.92	辽宁	11.18
10	海南	57.66	青海	10.41	内蒙古	12.73	辽宁	12.71	黑龙江	12.92	宁夏	10.84
11	吉林	56.83	陕西	10.07	江苏	12.64	湖北	12.70	湖北	12.81	重庆	10.74
12	福建	55.75	辽宁	10.02	福建	12.38	天津	12.49	重庆	12.81	山东	9.62
13	湖北	55.61	重庆	9.84	湖北	12.29	甘肃	12.40	吉林	12.32	湖北	9.56
14	重庆	55.55	四川	9.81	吉林	12.20	内蒙古	12.21	河南	12.25	四川	8.89
15	内蒙古	54.76	山西	9.65	山西	11.91	吉林	12.06	福建	12.02	内蒙古	8.70
16	新疆	54.05	山东	9.31	青海	11.80	山西	11.87	广东	11.94	吉林	8.69
17	四川	53.22	湖南	9.31	四川	11.73	陕西	11.76	山西	11.93	新疆	8.60
18	山西	51.33	云南	9.26	浙江	11.25	新疆	11.65	甘肃	11.92	湖南	7.77
19	陕西	50.58	新疆	9.18	陕西	11.16	安徽	11.53	湖南	11.61	青海	7.67
20	湖南	49.28	西藏	8.85	甘肃	10.37	四川	11.50	陕西	11.56	安徽	7.57
21	甘肃	48.58	安徽	8.73	湖南	10.13	宁夏	11.21	新疆	11.42	广西	6.88
22	江西	46.30	浙江	8.40	西藏	9.75	湖南	10.46	贵州	11.38	贵州	6.26
23	安徽	46.01	湖北	8.26	河北	9.25	广西	9.53	四川	11.28	陕西	6.04
24	广东	44.72	河北	8.11	江西	9.16	河南	9.49	西藏	10.91	山西	5.97
25	贵州	44.58	河南	8.02	河南	8.98	河北	9.33	江西	10.59	甘肃	5.87

续表

排名	农产品质量安全治理总指数		农产品质量安全治理一级分指数									
			源头控制		标准化生产		品牌培育		风险防控		监管追溯	
26	河南	44.55	广西	8.02	重庆	8.99	青海	9.27	河北	10.28	河北	5.86
27	青海	43.73	甘肃	8.02	安徽	8.22	西藏	8.97	广西	10.16	河南	5.81
28	河北	42.83	江西	7.78	广西	7.74	贵州	8.65	安徽	9.96	黑龙江	5.68
29	广西	42.32	海南	6.84	贵州	7.74	广东	8.33	内蒙古	9.38	江西	5.66
30	西藏	41.79	广东	6.82	云南	6.38	海南	7.59	云南	8.22	云南	3.95
31	云南	34.89	福建	6.55	广东	5.68	云南	7.08	青海	4.57	西藏	3.32

2.3.3 评价结果的分析

（1）农产品质量安全综合治理综合得分分析。中国各省份 2017 年农产品质量安全治理能力总指数得分如表 2–10 所示。其中，北京的总指数得分最高，其次是上海、天津、宁夏、江苏，云南的总指数得分最低，西藏、广西、河北、青海的得分也比较低，其余 20 个省份的得分居中。得分区间从北京的 76.84 到云南的 34.98，二者的差距十分明显。此外，全国平均总指数得分为 54.07，低于全国平均值的省份多达 16 个，可见中国农产品质量安全治理能力的整体水平还比较低且均值的地区在区域间差异较大。

北京、上海和天津是仅有的 3 个得分超过 70 的地区。从实际来看，这 3 个地区作为中国东部地区的 3 个直辖市，北京、上海又分别是我国的政治文化中心和经济中心，其从业人员素质、农业科技创新水平普遍较高，在全国范围内率先实践农业标准化生产和安全优质农产品品牌培育；截至 2017 年，3 个地区的信息化水平分列全国前三，农产品质量检测机构和风险评估实验室的覆盖密度均位居全国前列，质量安全示范县占比均为 25%，并列全国第一。尽管如此，这 3 个地区在源头控制方面仍存在短板，主要是要素投入方面农药、化肥和农膜的使用强度还比较高。从五个分指数的排名来看，实现均衡发展是北京、上海、天津农产品质量安全治理总指数得分较高的主要原因。

云南是得分唯一低于 40 的地区。从农产品质量安全治理的五个分指数来看，云南的五个分指数得分普遍较低，除源头控制分指数得分处于中游水平外，标准化生产、风险防控和监管追溯三个分指数的得分均为全国倒数第二位，品牌培育分指数更是全国最低水平。宁夏虽然在品牌培育分指数上的得分偏低，但在其他四个分指数上的得分较高，尤其是标准化生产，所以其农产品质量安全治理总指数得分较高。黑龙江在源头控制和标准化生产上都要优于其他地区，但其在风险防控、监管追溯方面与北京、上海、天津等地区存在较大差距，其风险评估实验室、质检中心、信息化等方面的建设还有待进一步提升。

（2）农产品质量安全治理一级分指数得分分析。农产品质量安全治理指数是一个综合性评价体系，任何单一维度得分的高低并不能代表一个地区农产品质量安全治理综合能力的高低。从中国各省份农产品质量安全治理五个一级分指数的平均值来看，得分最高的是风险防控，均值为 12.26，其次是品牌培育和标准化生产，均值分别为 11.58 和 11.50，而源头控制和监管追溯的得分位居最后两位，均值分别为 9.55 和 9.19。由此可见，源头控制和监管追溯是中国当前农产品质量安全治理中的两个主要短板，也是实施农产品质量安全保障工程必须抓住的关键和重点（见表 2–11）。

表 2–11　2017 年中国省际农产品质量安全治理一级分指数的描述性统计

一级分指数	均值	标准差	最大值	最小值
源头控制	9.55	1.70	13.76	6.55
标准化生产	11.50	2.88	17.37	5.68
品牌培育	11.58	2.19	15.48	7.08
风险防控	12.26	2.67	18.29	4.57
监管追溯	9.19	3.72	18.53	3.32

从表 2–10 的评价结果可知，源头控制分指数得分最高的是黑龙江，

最低的是福建，分别为13.76和6.55。福建每公顷化肥施用量达750.66公斤，高居全国第一位；另外，每公顷农药和农膜的施用量分别为33.67公斤和40.29公斤，分别为全国第二、五位，可见其农药、化肥和农膜的使用强度之大。黑龙江每公顷化肥、农药和农膜的施用量仅分别为170.10、5.64和5.41公斤，其中农膜的使用强度更是全国最低水平，说明黑龙江在农业生产要素投入上的控制做得比较好；另外，黑龙江农业技术人员保障度、农村人口人均受教育年限和农业科技创新水平均位居全国前列。

标准化生产分指数得分最高的是黑龙江，最低的是广东，分别为17.37和5.68。黑龙江拥有面积宽广、土地肥沃的三江平原和松嫩平原，农业生产条件得天独厚，截至2017年，其拥有现代农业示范区29个，农业标准化生产示范县（场）更是达54个，位居全国第一；人均绿色食品、有机农产品的产量均为全国第一，人均无公害农产品的产量位居全国第二，仅次于辽宁。广东现代农业示范区、农业标准化生产示范县（场）分别为14个和29个，处于全国中等水平；但其人均绿色食品、有机农产品和无公害农产品的产量均为全国末端水平，尤其是无公害农产品，人均产量仅为3.04千克，仅高于青海。

品牌培育分指数得分最高的是山东，最低的是云南，分别为15.48和7.08。山东绿色食品认证产品数、企业数分别为1250个和554个，有机农产品认证产品数、企业数分别为780个和193个，均为全国第一，公害农产品认证产品数、企业数均位居前三；农产品地理标志认证总数、名特优新农产品品牌分别达266个和73个，均为全国第一。云南在“三品一标”的认证发展上均为全国较低水平，农产品地理标志认证总数为77个，和甘肃并列排在全国第十二位，但其名特优新农产品品牌数为0，和海南、青海、宁夏并列为全国最低，与山东、四川、浙江等省份的差距非常明显。

风险防控分指数得分最高的是北京，最低的是青海，分别为18.29和4.57。北京每万平方公里农产品质量安全检测机构数达4.76个，仅次于上海；另外，北京共有农产品质量安全风险评估实验室共有 17 个，高居全国首位，比排名第二的山东多 10 个，农产品质量安全风险评估服务可得性和农产品质量安全风险评估机构覆盖度均为全国最高水平。而青海的农产品质量安全检测机构数仅为 2 个，在所有省份中有且多于西藏，同时青海仍是全国唯一没有农产品质量安全风险评估实验室的省份。可见，要提高其农产品质量安全保障水平，必须提高农产品质量安全检测、风险评估等服务的可得性，以及检测机构和风险评估实验室的覆盖度。

监管追溯分指数得分最高的是上海，最低的是西藏，两个省份的得分分别为 18.53 和 3.32。2017 年上海的信息社会指数为 76.29，位居全国第二，仅次于北京，较高的信息化水平为农产品质量安全监管工作的开展提供了有力的支撑和保障；上海农产品质量安全专项财政支出预算为 10000 万元，仅次于辽宁；此外，上海农产品质量安全县占比达 25%，与北京、天津并列全国第一。相比之下，西藏的社会信息指数仅为 0.3299，农产品质量安全县占比仅为 4%，两项指标均为全国最低水平。西藏和云南也是全国仅有的两个得分低于 5 的省份，与上海、北京、天津等地区的差距十分明显。

2.4 中国农产品质量安全政策仍然存在的问题

通过对中国农产品质量安全政策现状的梳理和政策实施效果的分析，以及对中国各地区农产品质量安全治理能力的综合评估，可对中国农产品质量安全政策的优缺点得出明确的结论。通过上述分析，可知中国农产品质量安全政策正逐步完善，政策实施效果逐渐凸显，但与此同时，当前中国农产品质量安全政策仍然存在以下两个方面的问题：

1. 中国农产品质量安全政策缺乏“系统思维”。从中国农产品质量安全政策的层次来看，当前主要涉及到立法层面、生产与供给体系层面、质量标准与认证体系层面、质量检测与监督体系层面、质量安全评估与预警体系层面等方面，看似面面俱到，但实际上各种政策“多而杂”，没有形成一个优化的系统。从现实情况来看，农产品质量安全问题是错综复杂的，不仅是社会现象，也是经济现象；不仅直接涉及第一产业，还涉及第二产业和第三产业；不仅涉及乡村，还涉及城市；不仅涉及生产者，还涉及消费者。农产品质量安全问题的治理，是一个艰巨且意义重大的工程。总而言之，农产品质量安全政策考虑的“整体性”和“系统性”欠缺，导致农产品质量安全各个层面和环节政策的落实存在“脱节”的现象，区域间、政府部门间、涉及主体间在农产品质量安全问题上的协同治理力度不够，在一定程度上没有形成最大化的“政策合力”，反而降低了农产品质量安全政策的实施效果。

2. 中国农产品质量安全政策缺乏“治本理念”。从中国农产品质量安全政策的具体内容来看，农产品质量安全政策仍然停留在“头痛医头、脚痛医脚”的层面。例如，早些年中国农产品质量安全没有法律支撑，于是出台了《食品安全法》《农产品质量安全法》等；后来农业生产中农药、化肥等投入品滥用问题凸显，国家又针对性地出台了农药、化肥等投入品使用和管理的条例；再后来农产品加工、运输、销售等环节问题频发，国家又出台相关政策加大农产品加工、运输和销售环节的监督和执法力度；再后来为加强农产品质量安全问题源头环节的治理，又出台了农业产地环境保护政策和加快“三品一标”认证发展实现“产管并举”的相关政策。但是，上述农产品质量安全政策的设计仍然缺乏“治本理念”，没有从中国经济社会发展转型、农村改革和农业发展转型的现实背景下更深层次考虑到农产品质量安全问题产生的根源，未能从根源上阻断农产品质量安全问题产生的“制度逻辑”条件。这一点从各地区农产品质量安全治理能力评估的结果中得到了充分印证，即源头控制是中国农产品质量安全治理的一大短板。

2.5 本章小结

本章首先对中国农产品质量安全政策现状以及政策实施效果进行了分析，随后从源头控制、标准化生产、品牌培育、风险防控和监管追溯等五个方面构建了农产品质量安全治理能力综合评价指标体系，对 2017 年中国各省份的农产品质量安全治理能力进行了评价。结果发现：

1. 农产品质量安全政策效果逐渐凸显，中国农产品质量安全保障体系建设取得重大进展。一是农产品标准化生产基地建设不断推进。截至 2017 年底，中国“国家农产品质量安全县”建设试点达 322 个；同时绿色食品原料生产基地达 678 个，规模达 16387.4 万亩，产量为 10673.2 万吨，带动农户数为 2097 万户。二是农产品质量安全标准制定不断健全。截至 2017 年底，中国制定发布的农业行业标准达 5704 项，农药、兽药残留限量标准分别达 5450 项和 2087 项。三是农产品质量安全检验检测体系建设取得阶段性进展。农业部于 2017 年公布了首批 10 家国家农业检测基准实验室，负责农药残留、生物毒素、水产品药物残留、饲料非法添加物、奶及奶制品污染物和重金属的检验检测，标志着中国农业检验检测体系得到进一步的完善。四是农产品质量安全风险评估机构建设取得巨大进展。截至 2017 年底，农业部已建立 105 个农产品质量安全风险评估实验室和 148 个农产品质量安全风险评估实验站，这些机构在农产品质量安全执法监管、生产指导、消费引导、应急处置、科普解读、贸易性技术措施研判等工作中发挥了重要技术支撑作用。

2. 安全优质农产品公共品牌快速发展，中国农产品质量安全监测合格率稳中有升。近年来，中国高度重视农产品质量安全问题，一系列的农产品质量安全防控政策相继实施，效果逐渐凸显，主要体现在以下两个方面：一是安全优质农产品生产与认证不断规范发展。主要表现为“三品一标”的认证发展取得了显著成果，截至 2017 年底，中国绿色食品当年认证企业数和当年认证产品数均创历史新高，分别达4422个和10093个；经中绿华夏认证的有机食品企业数就达1009家，有机食品产品数3997个；中国农产品地理标志认证数从2008年的121个增长到2017年的2242个，其中三大类农产品地理标志即种植业、畜牧业和渔业分别为1697个、356个和189个。二是农产品质量安全监测合格率稳中有升，农产品质量安全形势稳中向好。2013–2017年间，中国农产品总体抽查合格率均稳定在96%的水平以上，2017年农产品总体抽查合格率为97.8%，创历史新高。五大类主要农产品抽查合格率也在稳步提高，2017年，农业部按季度组织进行了4次国家农产品质量安全风险监测活动，覆盖全国31个省份的155个城市，涉及五大类农产品109个品种和94项监测指标，共抽检样品42728个。监测结果显示，蔬菜、水果、茶叶、畜禽产品和水产品等五大类农产品的抽检合格率分别为97.0%、98.0%、98.9%、99.5%和96.3%，其中蔬菜、水果、茶叶和水产品抽检合格率分别较2013年提高了0.4%、1.2%、0.8%和1.9%。

3. 中国农产品质量安全治理能力整体水平仍然较低且区域差异显著，农产品质量安全政策缺乏“系统思维”和“治本理念”。从源头控制、标准化生产、品牌培育、风险防控和监管追溯等方面构建了评价指标体系，然后运用多指标综合评价模型对中国各省份2017年农产品质量安全治理能力进行了评价。从评价结果来看，一方面，中国农产品质量安全综合治理能力整体水平较低。全国平均综合治理能力得分为54.07，低于这一水平的省份多达16个。从各省份的得分来看，北京最高，云南最低，农产品质量安全治理总指数得分超过70的仅有北京、上海和天津，而得分低于50的省份多达12个。另一方面，中国农产品质量安全治理能力存在明显的区域非均衡发展态势。一是东部地区的农产品质量安全治理能力要明显高于中部和西部地区；二是中国农产品质量安全治理能力存在显著的省际差异。此外，从农产品质量安全治理5个分指数的全国平均得分值来看，中国当前农产品质量安全治理面临的两个主要短板是源头控制和监管追溯。综合本章的研究结论来看，目前中国农产品质量安全政策依然停留在“头痛医头、脚痛医脚”的层面，政策设计缺乏“系统思维”和“治本理念”。

第 3 章　中国农产品质量安全水平的测度及其区域差异分析

探索中国农产品质量安全的宏观影响因素，有必要对当前农产品质量安全的总体形势进行分析，并对各地区农产品质量安全水平及其区域差异程度进行度量。本章首先在对中国农产品质量安全面临的总体形势进行分析的基础上，从农业生产资料投入和安全优质农产品产出视角出发，构建农产品质量安全评价指标体系，然后对中国各省份的农产品质量安全水平进行测度，并进一步度量和分析中国农产品质量安全水平的区域差异。

3.1 中国农产品质量安全面临的总体形势

3.1.1 农产品质量安全问题备受重视

“民以食为天，食以安为先。”农产品质量安全不仅关系到广大人民群众的身体健康，还关系到我国三农发展、社会和谐和政治稳定（张蓓，杨学儒，2015）。中国在保障农产品质量安全的立法上进行了长期的探索，《农产品质量安全法》翻开了我国农产品质量安全政策的新篇章，而《食品安全法》的颁布实施，为我国农产品质量安全提供了更有力的保障，推动农产品质量安全向“逐步向好、稳中有升”的趋势发展。但由于农产品质量安全问题在我国存在已久，其展现出根深蒂固和错综复杂的特征，加上我国小农生产的组织化、规模化程度低，农产品质量安全治理的基础薄弱，相关政策还处于试点探索阶段，农产品质量安全的威胁和隐患仍存在。尤其是在中国特色社会主义步入新时代和社会主要矛盾发生变化的背景下，人民群众生活水平逐步提高，对“舌尖上的安全”也越来越重视，对农产品质量安全水平的要求越来越高，中国农产品质量安全的相关工作进入到了攻坚克难的时期。

近年来，党中央和国务院高度重视农产品质量安全问题，强调解决农产品质量安全问题的根本目的在于以下三个方面：一是维护人民群众的根本利益；二是保障消费安全；三是促进农业农村经济的可持续发展。2013 年，中央农村工作会议指出，食品安全的源头和基础在农产品和农业，抓好农产品质量安全刻不容缓且意义重大，必须用“四个最严”来确保广大人民群众“舌尖上的安全”。会议从“产”“管”两个方面提出了措施：一是重视“产”，即加大力度治地治水，切断污染物进入农田的渠道，净化农产品产地环境，严把生产环境安全关。二是要重视“管”，不仅要形成覆盖全过程（从田间到餐桌）的监管制度，还应推行权利和责任挂钩的理念，建立更为严格的监管责任制度和责任追究制度。此次会议指明了中国今后一段时期的农产品质量安全工作方向，“产”“管”并举的治理模式对维护人民群众根本利益、保障农产品消费安全、促进农业农村经济可持续发展等方面意义重大且影响深远。2014 年被农业部确定为“全国农产品质量安全监管年”，农产品质量安全监管工作的重要性进一步突显。2015 年中央一号文件提出，要提升农产品质量和食品安全水平。2017 年中央一号文件再次明确提出，要全面提升农产品质量和食品安全水平。2017 年 12 月经济工作会议进一步提出，要以“质量兴农”和“绿色兴农”促进三农深刻变革。2018 年被农业部确定为“农业质量年”，重要任务是制定和实施国家质量兴农战略规划，推进质量兴农、绿色兴农和品牌强农。2019 年中央一号文件明确提出，要实施农产品质量安全保障工程。同年，农业农村部牵头发布了《国家质量兴农战略规划（2018–2022 年）》，明确提出要加快推动我国农业高质量发展，其中一大任务便是全面提升我国农产品质量安全水平。综上所述，农产品质量安全问题的治理已上升到中国国家战略的高度，关系到中国全面建成小康社会的成败和经济社会的稳定发展。

3.1.2 农产品质量安全形势比较稳定

近年来，为全面提高农产品质量安全水平，中国政府致力于农产品质量安全相关法律法规完善、体系完备、制度建设、人才队伍培养等方面，农产品质量安全水平保持总体平稳、逐步向好的趋势（李哲敏，刘磊，刘宏，2012）。党的十八大以来，各级农业部门致力于提高我国农产品质量安全水平，主要农产品的监测合格率稳定在 96% 的水平以上，2017 年更是达到 97.8%，比 2016 年提高了 0.3 个百分点，农产品质量安全监测合格率保持稳定向上的趋势。

要对中国农产品质量安全的形势作出全面和科学的评价，还须从以下三个方面来综合评估我国农产品的质量安全状况：一是看农产品是否符合国家标准的规定。这在国际上是通行的做法，也是用来评估农产品质量安全最基本和最核心的方法，目前我国已建立了与国际接轨的农产品质量安全技术标准及其管理制度，部分限量标准的严格程度甚至超过了相关国际组织和发达国家。二是看较长一段时期以来农产品质量安全水平的变化趋势。经不懈努力，中国农产品质量安全监测合格率在 21 世纪初的基础上提高了 30 多个百分点，近年来五大类主要农产品的监测合格率都稳定在 96% 的水平以上，农产品质量安全水平稳中有升，农产品中毒事件大幅减少。三是看能不能及时发现和查处农产品质量安全问题。作为世界性难题，农产品质量安全问题亦存在于发达国家，关键在于能否有效控制避免其成为系统性问题。近年来，中国逐步建立了全方位覆盖的农产品质量安全监测网络，即覆盖主要农产品、主要产区和主要城市，通过持续开展农产品质量安全的专项整治活动，保持对相关违法违规行为的高压打击态势，最大程度降低农产品质量安全的隐患和风险。2013–2017 年，中国各级农业行政主管部门共查处农产品质量安全案件 6.8 万件，查处各类农产品质量安全问题 17 万余起，为农民挽回了高达 43 亿元的直接经济损失。

综上所述，中国现阶段的农产品质量安全形势是稳中向好的。

3.1.3 农产品质量安全治理任务艰巨

虽然中国当前农产品质量安全的总体形势向好，但农产品质量安全治理任务依然艰巨。主要包括两个方面：一方面，农产品质量安全整体水平与发达国家差距仍然较大，有待进一步提高。英国经济学人智库对 2017 年全球 113 个国家的食品安全指数进行了测算，根据其发布的《2017 全球食品安全指数报告》可知，中国的综合排名、食品质量安全排名分别位居第 45 位和第 38 位，属于中上等水平，但与欧洲、日本和美国等地区或国家的差距仍然很大。这在一定程度上可归因于中国农产品质量安全问题的顽固性，虽然近年来中国农产品质量安全监测合格率较 21 世纪初提升了 30 多个百分点，但较长一段时期都在 96% 的水平左右徘徊。另一方面，中国部分地区和少数行业的农产品质量安全问题隐患仍比较突出。近年来，中国个别农产品质量安全事件还时有发生，不乏农兽药残留超标和非法添加有毒有害物质等现象。仅在“十二五”期间，全国查处的农产品质量安全案件和各类问题分别高达 6.8 万件和 17 万余起。究其原因，既有“产”方面的因素，即生产规模小、经营管理方式落后等；也有“管”方面的因素，即处罚不到位、违法成本低等。

当前，中国农产品质量安全治理所面临的难题远不止于此。随着互联网的发展和普及，中国农产品质量安全工作面临着一种全新的风险和威胁——网络谣言。2017 年的全国食品安全宣传周主题日活动上，农业部对有关农产品安全的十大网络谣言进行了发布，并表示农产品质量安全的保障工作还将进一步本着常态化和制度化的原则，加强农产品质量安全知识宣传，加大对网络造谣传谣的打击力度。此外，中国农产品质量安全治理的其他障碍还包括农产品各项监测标准的欠缺、农产品流通环节的问题以及食品生产经营企业的信用缺失等方面。总而言之，中国农产品质量安全治理起步较晚、基础薄弱，治理体系仍需根据现实情况的变化而不断健全和完善，农产品质量安全的治理任重而道远。

3.2 中国农产品质量安全评价指标体系的构建——基于投入产出视角

3.2.1 评价指标选取

分散经营是中国农产品生产的一大特点，在这种经营模式下农产品质量安全的控制还存在诸多方面的缺陷。尤其是农户的专业知识存在局限，导致农产品在生产过程中的质量安全得不到保障，表现为农户在生产过程中对农药、化肥等投入要素的使用不当。据复旦大学公布的《易粪相食：中国食品安全状况调查（2004–2011）》显示，中国 80% 以上的农产品质量安全事件源自农户对农药或化肥的过度使用或不正确使用。为此，农业部在出台的多个文件中均将农药和化肥作为我国农产品质量安全监管的重点。此外，近年来我国农业生产中的“白色污染”问题也日渐突出，即农膜的污染问题。目前，中国农用塑料薄膜的产量和覆盖面积都高居世界首位，地膜覆盖技术的推广普及一方面增加了农作物产量，但农膜的回收率却比较低，农膜残留污染问题日渐突出，从长远来看严重威胁了农业生态环境，为农产品质量安全问题埋下了隐患。

20 世纪 90 年代以来，中国政府先后启动了绿色食品、有机农产品和无公害农产品等公共品牌的认证，目的在于更好地推进农产品质量安全战略。随着 2008 年农产品地理标志认证的启动，“三品一标”逐渐成为我国安全优质农产品生产和消费的主导公共品牌。“三品一标”的认证发展既是提高农产品质量安全水平的战略选择，又是传统农业向现代农业转变的一个重要标志（陈晓华，2010；马爱国，2015）。“三品一标”的内涵不仅涵盖农药、化肥等要素投入监管层面，还涉及农业生产标准化和公众的需求层面。“三品一标”认证农产品在生产、流通、消费和监管等多个环节均有较强的质量安全保障，一定程度上已成为安全优质农产品的“代名词”。

基于上述分析，考虑到评价指标选择的科学性、可行性和数据可得性，本研究在农业生产资料投入维度上选取单位面积农药施用量、单位面积化肥施用量和单位面积农膜施用量为评价指标，在安全优质农产品产出维度上选取绿色食品认证发展和农产品地理标志认证产品数作为评价指标，以期从农业生产资料投入层面和安全优质农产品产出层面来综合反映各地区农产品质量安全水平，最终的评价指标体系如表 3–1 所示。

表 3–1　农产品质量安全评价指标体系

维度	评价指标	单位	效应
农业生产资料投入	单位面积农药施用量	kg/ 亩	负
	单位面积化肥施用量	kg/ 亩	负
	单位面积农膜施用量	kg/ 亩	负
安全优质农产品产出	每百万人拥有绿色食品认证产品数	个	正
	每百万人拥有农产品地理标志认证产品数	个	正

如表 3–1 所示，农业生产资料投入维度上，本研究选取单位面积的农药施用量、化肥施用量和农膜施用量作为评价指标。这三个指标分别是根据地区农药施用总量、化肥施用总量、农膜施用总量比上地区农作物播种总面积所得，分别反映农产品生产过程中农药、化肥和农膜这三个要素的投入水平，且三个指标均为负向指标，表明这三个要素的投入水平与农产品质量安全水平呈负相关，即农药、化肥和农膜等生产资料投入越多，农产品质量安全水平就越低。安全优质农产品产出维度上，本研究选取每百万人拥有绿色食品认证产品数和每百万人拥有农产品地理标志认证产品数来分别反映各地区绿色食品、农产品地理标志的产出水平，均为正向指标，说明每百万人拥有绿色食品认证产品数和每百万人农产品地理标志认

证产品数越高，表示地区安全优质农产品产出水平就越高，则农产品质量安全水平就越高。

3.2.2 数据来源与处理

本研究基于投入产出视角，构建了中国农产品质量安全评价指标体系。基于指标数据的可得性，我们选取 2008–2017 年的数据，对中国 31 个省份（因资料有限，未考虑香港、澳门和台湾）的农产品质量安全水平进行测度和分析。研究所需的主要数据来自中国绿色食品发展中心官网、中国农产品质量安全网、《中国统计年鉴》《中国农村统计年鉴》《中国绿色食品统计年报》以及各地区历年统计年鉴。

经过对相关统计数据的整合计算，得到各地区农产品质量安全所有评价指标的原始数据。从表 3–1 可知，单位面积农药施用量、单位面积化肥施用量和单位面积农膜施用量这三个指标为负向指标，而其他两个指标均为正向指标，为统一评价指标的方向，方便后续对农产品质量安全进行综合评价得分，须将三个负向指标进行正向化处理，在这里我们选择的方法是对其直接取负数。在对原始数据进行正向化和标准化处理后，运用因子分析法测度各地区农产品质量安全的得分，评价得分越高则表示地区农产品质量安全水平越高。

3.3 中国各地区农产品质量安全水平的测度——基于因子分析方法

3.3.1 2008–2017 年全国单位面积农药、化肥和农膜投入情况

表 3–2 显示的是 2008–2017 年全国单位面积主要生产要素的投入情况，包括化肥施用量、农药施用量和农膜施用量。在 2008 年，全国化肥施用量平均每亩为 22.92 公斤，最低的地区为黑龙江，每亩为 9.97 公斤；最高

的地区为天津，每亩 38.69 公斤。2017 年，全国单位面积化肥施用量平均每亩为 25.39 公斤，在 2008 年的基础上增长了 10.78%，年均增长近 1.08%。2017 年，全国化肥施用量最低的是青海，每亩 10.44 公斤；最高的地区为福建，化肥施用量每亩高达 50.04 公斤。2008 年，全国农药施用量平均每亩为 0.79 公斤，最低的地区是宁夏，每亩为 0.13 公斤；最高的地区是海南，农药施用量每亩高达 2.67 公斤。2017 年，全国农药施用量平均每亩为 0.80 公斤，最低的地区为宁夏，农药施用量每亩为 0.15 公斤；最高的地区是海南，农药施用量每亩高达 3.14 公斤。2008 年，全国农膜施用量平均每亩为 1.06 公斤，最低的地区是青海，每亩为 0.14 公斤；最高的地区是上海，农膜施用量每亩为 3.65 公斤。2017 年，全国农膜施用量平均每亩为 1.40 公斤，在 2008 年的基础上增长了 32.08%，年均增长约 3.21%。2017 年，单位面积农膜施用量最低的地区为黑龙江，每亩施用量为 0.36 公斤；最高的是北京，平均每亩施用量为 4.95 公斤。

表 3-2　2008–2017 年全国单位面积农药、化肥和农膜投入情况

年份	化肥施用量		农药施用量		农膜施用量	
	平均值（kg/ 亩）	标准差	平均值（kg/ 亩）	标准差	平均值（kg/ 亩）	标准差
2008	22.92	7.68	0.79	0.57	1.06	0.84
2009	23.08	7.63	0.81	0.70	1.06	0.77
2010	23.29	7.55	0.82	0.68	1.10	0.80
2011	23.61	7.54	0.82	0.69	1.16	0.80
2012	24.01	7.54	0.81	0.61	1.18	0.80
2013	24.34	7.60	0.82	0.64	1.25	0.86
2014	24.58	7.80	0.81	0.60	1.31	0.93
2015	24.65	7.82	0.80	0.60	1.32	0.96
2016	24.57	8.17	0.78	0.54	1.34	1.01
2017	25.39	10.28	0.80	0.65	1.40	1.08

3.3.2 2008–2017 年全国绿色食品和农产品地理标志认证情况

表 3–3 反映了 2008–2017 年全国绿色食品和农产品地理标志的新增认证情况。2008 年，全国绿色食品认证产品数平均为 181.84 个，其中认证产品数最多的地区为山东，数量达 637 个；认证产品数最少的是西藏，数量仅为 3 个。2017 年，各省绿色食品认证产品数平均达 325.52 个，在 2008 年的基础上增长了 79%。2017 年，中国绿色食品认证产品数最多的省份仍是山东，认证数量达 1250 个；数量最少的是贵州，认证数为 21 个。2008 年，中国开始农产品地理标志的认证和登记。2008 年全国农产品地理标志认证产品数平均值为 3.9 个，其中认证产品数最多的为宁夏的 26 个；而北京、天津、上海、江苏、浙江等 19 个省份均无认证产品。2013 年，全国农产品地理标志认证产品数均值达 10.16 个，认证数最多的为山东的 43 个；而西藏、海南、北京当年均无认证产品。2017 年，全国农产品地理标志认证产品数均值达 7.48 个，认证数最多的是山西，当年农产品地理标志认证数为 22 个；而天津、吉林和上海当年均无农产品地理标志认证产品。

表 3–3　2008–2017 年全国绿色食品和农产品地理标志认证情况

年份	绿色食品认证产品数（个）				农产品地理标志认证产品数（个）			
	平均值	标准差	最大值	最小值	平均值	标准差	最大值	最小值
2008	181.84	164.64	637	3	3.90	6.10	26	0
2009	189.13	192.65	773	1	2.61	4.16	18	0
2010	207.61	203.50	744	1	9.65	9.37	39	0
2011	210.71	221.70	643	1	9.16	9.68	45	0
2012	236.81	250.60	1110	1	6.58	8.25	42	0
2013	247.35	267.15	1360	1	10.16	10.36	43	0
2014	284.65	300.57	1397	2	6.61	6.34	28	0
2015	265.35	243.21	990	4	6.52	4.75	16	1
2016	288.06	267.11	1271	6	6.74	5.24	18	0
2017	325.52	311.83	1250	21	7.48	5.87	22	0

3.3.3 中国各地区农产品质量安全水平的测度及其结果分析

运用因子分析法对中国各地区农产品质量安全水平进行测度的步骤主要包括：判断原始变量是否适合于因子分析；确认公共因子；计算因子得分；计算综合得分。首先，运用 SPSS20.0 软件对处理后的原始数据进行 KMO 检验。结果发现，KMO 检验值为 0.520，位于 0.5–1 之间；同时 Bartlett 球度检验（Barlett Test of Sphericity）统计量为 637.281，给出的相伴概率为 0.000，在 1% 的水平上显著，因此拒绝 Bartlett 球度检验的零假设，说明相关系数矩阵不是一个单位阵，各变量之间具有较显著的相关性，比较适合做因子分析。

表 3–4　总方差分解

成份	初始特征值			未经旋转提取因子的载荷平方和		
	特征值	方差贡献率	累计贡献率	特征值	方差贡献率	累计贡献率
1	2.275	45.494	45.494	2.275	45.494	45.494
2	1.342	26.840	72.334	1.342	26.840	72.334
3	0.688	13.753	86.087			
4	0.595	11.897	97.984			
5	0.101	2.016	100.000			

接下来采用主成分提取因子的方法，进一步得到总方差分解表，如表 3–4 所示。因子分析得到两个公共因子，累计贡献率为 72.334%，说明这两个公共因子能反映原始变量 72.334% 的信息。根据因子得分和贡献率，可进一步计算出我国各地区农产品质量安全的综合得分。其计算公式为：

$$F = F_1 \times 0.4549 + F_2 \times 0.2684 \qquad (3.1)$$

2008–2017 年中国各地区农产品质量安全的综合得分见表 3–5。因对单位面积化肥、农药和农膜的投入指标进行了正向化处理，所以综合得分越高，说明单位面积化肥、农药和农膜的施用量越少，绿色食品和农产品地理标志的认证产品数越多，农产品质量安全综合水平越高。

表 3-5　2008-2017 年各地区农产品质量安全水平综合得分

地区	2008	2009	2010	2011	2012	2013	2014	2015	2016	2017
北京	−0.48	−0.42	−0.38	−0.43	−0.49	−0.59	−0.57	−0.64	−0.75	−0.87
天津	−0.13	−0.15	−0.13	−0.08	−0.15	−0.10	−0.15	−0.10	−0.11	−0.13
河北	−0.01	−0.14	−0.01	0.15	0.04	0.04	−0.02	−0.06	−0.06	0.01
山西	0.26	−0.08	0.47	0.54	0.04	0.81	−0.11	0.20	0.08	0.50
内蒙古	0.18	0.18	0.28	0.33	0.08	0.27	0.30	0.18	0.50	0.34
辽宁	−0.25	−0.40	−0.32	−0.21	−0.16	−0.36	−0.28	−0.33	−0.27	−0.24
吉林	0.13	−0.06	0.03	−0.07	−0.09	−0.04	−0.09	0.00	−0.04	−0.05
黑龙江	0.29	0.39	0.33	0.45	0.39	0.38	0.22	0.28	0.19	0.29
上海	−0.82	−0.75	−0.75	−0.67	−0.64	−0.54	−0.64	−0.52	−0.67	−0.65
江苏	−0.08	0.10	0.15	0.22	0.03	0.09	0.08	0.06	0.09	0.05
浙江	−0.55	−0.55	−0.36	−0.37	−0.56	−0.48	−0.46	−0.45	−0.13	−0.34
安徽	−0.11	−0.11	0.07	−0.02	−0.05	0.09	0.06	−0.06	0.08	0.22
福建	−0.55	−0.38	−0.25	−0.26	−0.18	−0.32	−0.36	−0.26	−0.32	−0.53
江西	−0.29	−0.29	0.49	0.15	−0.29	0.12	−0.14	−0.17	−0.14	−0.15
山东	0.01	−0.12	0.78	0.96	0.87	0.95	0.55	0.19	0.21	0.24
河南	−0.02	0.12	0.49	0.54	0.10	0.14	0.04	0.02	0.10	0.55
湖北	0.08	−0.13	0.10	0.06	0.04	0.46	0.41	0.32	0.38	0.33
湖南	−0.05	−0.11	0.11	−0.03	−0.09	−0.12	−0.09	−0.08	−0.15	0.01
广东	−0.28	−0.29	−0.29	−0.28	−0.30	−0.22	−0.24	−0.22	−0.07	−0.21
广西	−0.05	−0.02	0.31	0.08	0.22	0.30	0.34	0.31	0.27	0.23
海南	−0.82	−1.12	−1.10	−1.16	−0.99	−1.11	−1.05	−1.03	−0.80	−0.81
重庆	0.17	0.02	0.08	0.09	0.23	0.16	0.08	0.01	0.05	−0.01
四川	−0.06	0.44	0.90	0.74	0.50	0.39	0.44	0.19	0.21	0.07
贵州	−0.03	−0.02	0.09	0.02	0.08	0.11	0.25	0.14	0.28	0.53
云南	−0.09	0.02	0.19	0.05	0.30	0.31	0.28	0.07	0.03	−0.08
西藏	0.01	0.07	0.04	0.02	0.10	0.02	0.08	0.05	0.00	0.07
陕西	0.54	0.11	0.35	0.39	0.28	0.28	0.20	0.57	0.51	0.46
甘肃	−0.30	−0.25	−0.16	−0.38	−0.36	−0.36	−0.54	−0.27	−0.28	−0.50

续表

地区	2008	2009	2010	2011	2012	2013	2014	2015	2016	2017
青海	0.03	0.00	0.13	−0.02	−0.01	0.33	0.22	0.21	0.14	0.07
宁夏	0.81	0.05	0.32	0.11	0.09	0.16	0.15	0.09	0.04	0.10
新疆	−0.27	−0.18	−0.01	0.29	0.05	0.75	−0.19	−0.05	0.00	−0.04

由表 3–5 可知，基于农业生产资料投入和安全优质农产品产出视角构建的农产品质量安全评价指标体系，其评价结果表明中国农产品质量安全水平呈现出以下三个特征：一是中国农产品质量安全的整体水平呈上升趋势。2008–2017 年间，中国绝大多数省份的农产品质量安全水平呈波动上升的趋势。二是中国各地区农产品质量安全水平普遍还比较低。从各地区得分来看，历年的最高得分均未超过 1，从 2017 年的数据来看，最高得分为 0.55，且多达 21 个省份的得分在 0.2 以下。三是中国省际间的农产品质量安全水平差距较大。这一点可以通过农产品质量安全得分最高地区与得分最低地区的分差来判断，历年农产品质量安全得分最高值与最低值的差距均在 1 分以上。

表 3–6　2008–2017 年各地区农产品质量安全因子分析得分统计

地区	2008 年综合得分	2017 年综合得分	2008–2017 年综合得分均值	综合得分排名	2008–2017 年综合得分增长	综合得分增长排名
北京	−0.48	−0.87	−0.56	29	−0.40	30
天津	−0.13	−0.13	−0.12	23	0.00	24
河北	−0.01	0.01	−0.01	19	0.02	20
山西	0.26	0.50	0.27	5	0.25	6
内蒙古	0.18	0.34	0.26	6	0.16	11
辽宁	−0.25	−0.24	−0.28	25	0.01	23
吉林	0.13	−0.05	−0.03	20	−0.18	27
黑龙江	0.29	0.29	0.32	4	−0.01	25
上海	−0.82	−0.65	−0.67	30	0.16	10
江苏	−0.08	0.05	0.08	15	0.13	14

续表

地区	2008 年综合得分	2017 年综合得分	2008–2017 年综合得分均值	综合得分排名	2008–2017 年综合得分增长	综合得分增长排名
浙江	–0.55	–0.34	–0.45	28	0.21	9
安徽	–0.11	0.22	0.02	18	0.34	3
福建	–0.55	–0.53	–0.34	27	0.02	19
江西	–0.29	–0.15	–0.07	22	0.14	12
山东	0.01	0.24	0.46	1	0.23	8
河南	–0.02	0.55	0.21	7	0.56	1
湖北	0.08	0.33	0.20	8	0.25	5
湖南	–0.05	0.01	–0.06	21	0.05	17
广东	–0.28	–0.21	–0.24	24	0.07	15
广西	–0.05	0.23	0.20	9	0.28	4
海南	–0.82	–0.81	–1.00	31	0.01	21
重庆	0.17	–0.01	0.09	14	–0.19	28
四川	–0.06	0.07	0.38	2	0.13	13
贵州	–0.03	0.53	0.14	11	0.55	2
云南	–0.09	–0.08	0.11	13	0.01	22
西藏	0.01	0.07	0.05	16	0.06	16
陕西	0.54	0.46	0.37	3	–0.08	26
甘肃	–0.30	–0.50	–0.34	26	–0.21	29
青海	0.03	0.07	0.11	12	0.04	18
宁夏	0.81	0.10	0.19	10	–0.70	31
新疆	–0.27	–0.04	0.03	17	0.24	7

表 3–6 反映了中国各地区 2008–2017 年农产品质量安全因子得分的变化趋势。可以看出，期间大部分地区的综合得分呈上升趋势，而小部分地区的综合得分在下降。充分说明在单位面积化肥、农药和农膜投入有所增长的情况下，安全优质农产品品牌的认证发展和安全农产品的生产得到了重视，安全优质农产品产出的增加促进了中国农产品质量安全状况的改善。从各地区 2008–2017 年的综合得分均值来看，山东、四川和陕西的排

名分列前三位，其综合得分均值分别为 0.46、0.38 和 0.37，说明这三个地区农产品质量安全总体形势较好；综合得分均值处于最后三位的省份分别是海南、上海和北京，其综合得分均值分别为 –1.00、–0.67 和 –0.56，说明这三个地区农产品质量安全的综合水平较低，农产品质量安全形势较为严峻。

表 3–7　2008–2017 年全国农产品质量安全因子分析得分统计

年份	综合得分均值	综合得分标准差	综合得分最小值	综合得分最大值
2008	–0.09	0.34	–0.82	0.81
2009	–0.13	0.30	–1.12	0.44
2010	0.06	0.40	–1.10	0.90
2011	0.04	0.41	–1.16	0.96
2012	–0.03	0.35	–0.99	0.87
2013	0.06	0.42	–1.11	0.95
2014	–0.04	0.35	–1.05	0.55
2015	–0.04	0.31	–1.03	0.57
2016	–0.03	0.32	–0.80	0.51
2017	–0.02	0.37	–0.87	0.55

表 3–7 反映了中国 2008–2017 年农产品质量安全因子得分相关统计信息的变化情况。从全国整体情况来看，2008–2017 年间，全国农产品质量安全整体水平呈波动上升的趋势，但地区间农产品质量安全水平的差距在不断扩大。可以看出，综合得分均值处于波动上升状态，2008 年，综合得分均值为 –0.09，2010 年和 2013 年综合得分均指达到最大值，均为 0.06，2017 年，综合得分均值为 –0.02。然而，综合得分均值的最大值呈波动下降的趋势，2008 年，中国农产品质量安全综合得分最大值为 0.81。2011 年，这一数值上升到了 0.96。2017 年，这一数值下降到 0.55。综合得分标准差的波动幅度较大，2008 年为 0.34，2017 年为 0.37，说明大部分地区农产品质量安全水平与全国平均水平的差异有所扩大。

3.4 中国农产品质量安全水平的区域差异分析——基于基尼系数和泰尔指数方法

3.4.1 度量指标的选择

（1）基尼系数。基尼系数（Gini）通常用来衡量收入差距，是学术界衡量收入差距程度常用的一个指标。鉴于基尼系数具备客观、直接等优点，本研究运用基尼系数来度量中国农产品质量安全水平的省际差异程度，其计算公式为：

$$Gini = \frac{1}{2n^2\mu}\sum_{i=1}^{n}\sum_{j=1}^{n}\left|y_i - y_j\right| \tag{3.2}$$

公式（3.2）中，n 表示地区个数，μ 为全国农产品质量安全水平的均值，y_i、y_j 为各地区农产品质量安全水平的变量值，且 $i \neq j$。

（2）泰尔指数。泰尔指数（Theil）又称之为泰尔熵标准，通常用来衡量地区间、群体间的收入不平等程度。本研究将用泰尔指数来度量中国农产品质量安全水平的省际差异和三大区域差异。度量省际间差异的计算公式为：

$$Theil = \frac{1}{n}\sum_{i \in n}\frac{y_i}{\mu}\ln\frac{y_i}{\mu} \tag{3.3}$$

公式（3.3）中，n 表示地区个数，y_i 为中国各省份农产品质量安全水平的变量值，μ 为中国农产品质量安全水平的平均值。

（3）泰尔指数分解。泰尔指数分解可用来度量中国东中西三大区域间农产品质量安全水平的差异程度，对公式（3.3）的泰尔指数进行分解，假定集合 N 被分解成 m 个组 $N_k(k=1,2\cdots\cdots m)$，每组相应的农产品质量安全水平向量为 y^k，农产品质量安全水平均值为 μ_k，区域数量用 n_k 来表示，则其占总区域数量的份额可表示为 $v_k = n_k / n$。分解的过程如下：

$$
\begin{aligned}
T(y) = T(y^1, y^2 \cdots\cdots y^m) &= \frac{1}{n}\sum_{k=1}^{m}\sum_{i \in N_k}\frac{y_i}{\mu_y}\ln\frac{y_i}{\mu_y} \\
&= \sum_{k=1}^{m}\frac{n^k}{n}\frac{\mu_k}{\mu_y}\frac{1}{n_k}\sum_{i \in N_k}\frac{y_i}{\mu_k}\ln\frac{y_i}{\mu_k} + \frac{1}{n}\sum_{k=1}^{m}\sum_{i \in N_k}\frac{\mu_k}{\mu_y}\ln\frac{\mu_k}{\mu_y} \\
&= \sum_{k=1}^{m} v_k \frac{\mu_k}{\mu_y} T(y^k) + \sum_{k=1}^{m} v_k \frac{\mu_k}{\mu_y}\ln\frac{\mu_k}{\mu_y} \\
&= W + B
\end{aligned}
\tag{3.4}
$$

公式（3.4）中，W 表示农产品质量安全水平的组内差距部分，B 则表示农产品质量安全水平的组间差距部分，它是通过将各区域的农产品质量安全水平换成其相应的组均值计算得来的。

3.4.2 中国省际间农产品质量安全水平差异的度量

根据因子分析方法所测得的中国各地区农产品质量安全水平（表 3–5），然后运用基尼系数（公式 3.2）和泰尔指数（公式 3.3）的计算公式，可分别计算出 2008–2017 年中国省际间农产品质量安全水平的基尼系数和泰尔指数。通过基尼系数值和泰尔指数值，我们可进一步分析中国省际农产品质量安全水平的差异程度，为更直观地了解中国省际间农产品质量安全水平的差异及其变动趋势，故将其绘制成趋势图（如图 3–1）。

图 3–1 反映了中国省际间农产品质量安全水平差异的变化趋势，从中可以看出泰尔指数和基尼系数的测度结果大体走势相同，波峰年份和波谷年份也高度重合，表明中国农产品质量安全水平的省际差异整体呈波动下降的趋势。具体来看，2008–2017 年间，中国农产品质量安全水平的省际差异呈 W 型波动下降趋势，2008 年省际间农产品质量安全水平的泰尔指数和基尼系数分别为 0.4921 和 0.5318，2010 年为第一个波谷，泰尔指数和基尼系数分别降低到 0.3151 和 0.4378。随后两年泰尔指数和基尼系数值均呈上升趋势，于 2012 年达到 0.4473 和 0.5115。2014 年为第二个波谷，泰尔指数和基尼系数值均降到了期间最低水平，分别为 0.2083 和 0.3560。此

后，两个指标值均呈逐年上升趋势，2017 年中国省际农产品质量安全水平的泰尔指数和基尼系数分别为 0.3259 和 0.4302。若以基尼系数将 0.4 作为收入差距警戒线的标准来看，除 2014 年外，省际间农产品质量安全水平的基尼系数均高于 0.4，2008–2017 年的平均值为 0.4491，位于 0.4–0.6 的区间范围内，说明中国农产品质量安全水平差异属于不平均级别。

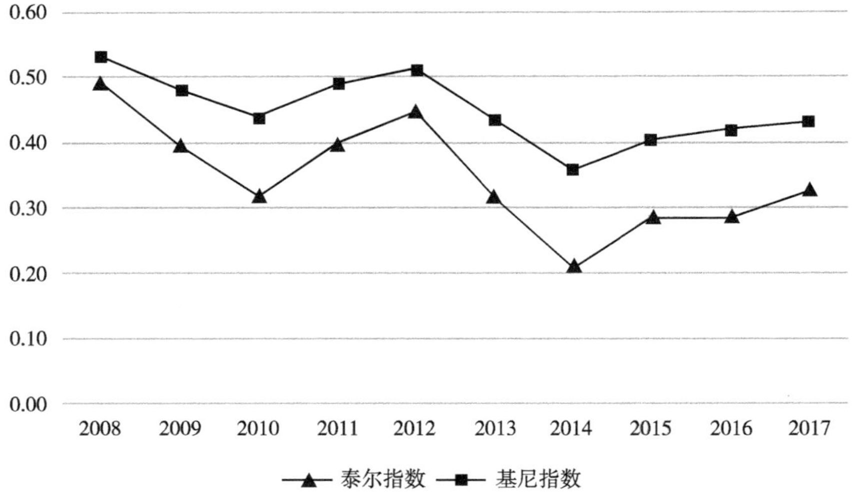

图 3–1　2008–2017 年中国省际间农产品质量安全水平差异变化趋势

3.4.3 中国三大区域间农产品质量安全水平差异的度量

参照国家统计局的划分标准，将中国 31 个省级行政单位（港澳台除外）划分为东、中、西三个地区。东部地区共 11 个省份，包括北京、天津、河北、辽宁、上海、江苏、浙江、福建、山东、广东和海南；中部地区共 8 个省份，包括山西、吉林、黑龙江、安徽、江西、河南、湖北和湖南；西部地区共 12 个省份，包括内蒙古、广西、重庆、四川、贵州、云南、西藏、陕西、甘肃、青海、宁夏和新疆。然后利用公式（3.4），可计算出三大区域间农产品质量安全水平的泰尔指数分解，并绘制区域差距变化趋势图（如图 3–2）。

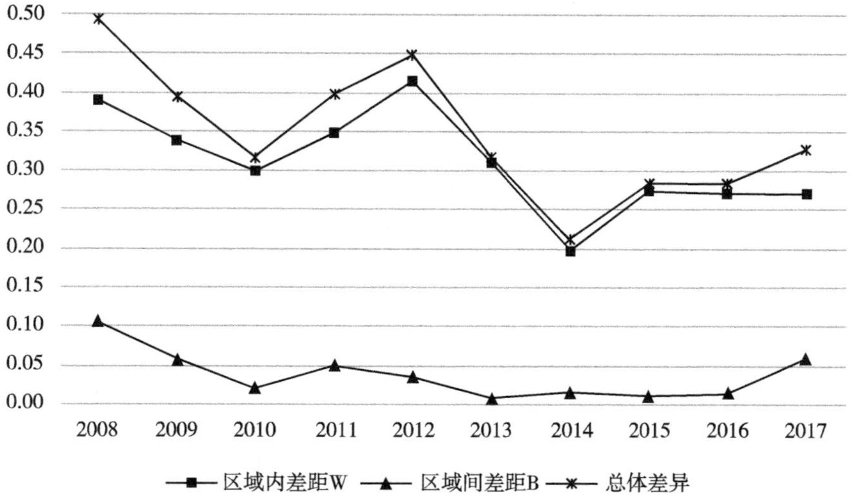

图 3-2　2008-2017 年中国三大区域间农产品质量安全水平差异变化趋势

从图 3-2 可以看出，2008-2017 年间，三大区域间农产品质量安全水平的总体差异呈 W 型波动下降的趋势，与省际间泰尔指数和基尼系数的变动趋势高度相似。具体来看，2008 年中国三大区域间农产品质量安全水平的总体差异为 0.4921，此后几年呈波动下降趋势，2014 年的总体差异下降到 0.2083，为期间最低值；2014 年后三大区域间的总体差异呈逐年上升趋势，2017 年三大区域的总体差异达到 0.3260。从差异构成情况来看，中国三大区域间农产品质量安全水平总体差距中区域内差距占主导地位，除 2012 年和 2014 年外，其余年份区域内差距的值在 0.2-0.4 的区间；而农产品质量安全水平区域间差距比较小，所有年份的值均在 0.15 以下。从表 3-8 可知，三大区域农产品质量安全水平总体差距的构成中区域内差异的占比非常高，占比波动幅度较大。2008 年区域内差异占比为 78.91%，2013 年区域内差异占比高达 98.25%，2017 年下降到 82.55%，但从整体来看，2008-2017 年区域内差异占比均值为 90.58%，说明中国三大区域农产品质量安全水平的区域内差异在总体差异中占据绝对主导地位。

表 3-8　2008–2017 年基于泰尔指数分解的三大区域农产品质量安全水平差异

年份	区域内差距（W）	区域间差距（B）	总体差异（W+B）	区域内差异占比
2008	0.3883	0.1038	0.4921	78.91%
2009	0.3375	0.0561	0.3936	85.75%
2010	0.2966	0.0185	0.3151	94.13%
2011	0.3482	0.0483	0.3965	87.82%
2012	0.4137	0.0335	0.4472	92.51%
2013	0.3090	0.0055	0.3145	98.25%
2014	0.1949	0.0134	0.2083	93.57%
2015	0.2729	0.0089	0.2818	96.84%
2016	0.2701	0.0127	0.2828	95.51%
2017	0.2691	0.0569	0.3260	82.55%

综上所述，2008–2017 年，中国农产品质量安全水平的省际差异和三大区域间差异均呈缩小的趋势，省际差异比三大区域间的差异更加显著，且区域内差异对三大区域间的总体差异起主导作用，说明中国农产品质量安全水平的区域差异主要表现为省际差异。此外，虽然中国农产品质量安全水平的泰尔指数和基尼系数值均呈波动下降趋势，但 2014 年后呈上升趋势，尤其是基尼系数值稳定在 0.4 的水平以上，说明基于农业生产资料投入和安全优质农产品产出视角下，中国农产品质量安全水平的确呈现出区域发展不均衡的现象。

3.5 本章小结

本章对中国农产品质量安全水平现状进行了实证考察。基于各地区单位面积农药的施用量、化肥施用量和农膜施用量三个生产要素投入指标，以及绿色食品认证产品数和农产品地理标志认证产品数两个安全优质农产品产出指标，运用因子分析法构建了各地区农产品质量安全水平的评价指标体系，并对 2008–2017 年中国 31 个省份的农产品质量安全水平进行了测度。结果发现：

1. 2008–2017 年全国单位面积农药施用量得到有效控制，但化肥和农膜的施用量持续增长。2008 年，全国农药施用量平均每亩为 0.79 公斤，最低的地区是宁夏，每亩为 0.13 公斤；最高的地区是海南，农药施用量每亩高达 2.67 公斤。2017 年，全国农药施用量平均每亩为 0.80 公斤，最低的地区为宁夏，农药施用量每亩为 0.15 公斤；最高的地区是海南，农药施用量每亩高达 3.14 公斤。2008 年，全国化肥施用量平均每亩为 22.92 公斤，最低的地区为黑龙江，每亩为 9.97 公斤；最高的地区为天津，每亩 38.69 公斤。2017 年，全国单位面积化肥施用量平均每亩为 25.39 公斤，在 2008 年的基础上增长了 10.78%，年均增长近 1.08%。2017 年，全国化肥施用量最低的是青海，每亩 10.44 公斤；最高的地区为福建，化肥施用量每亩高达 50.04 公斤。2008 年，全国农膜施用量平均每亩为 1.06 公斤，最低的地区的是青海，每亩为 0.14 公斤；最高的地区是上海，农膜施用量每亩为 3.65 公斤。2017 年，全国农膜施用量平均每亩为 1.40 公斤，在 2008 年的基础上增长了 32.08%，年均增长约 3.21%。2017 年，单位面积农膜施用量最低的地区为黑龙江，每亩施用量为 0.36 公斤；最高的是北京，平均每亩施用量为 4.95 公斤。

2. 2008–2017 年全国绿色食品认证产品数和农产品地理标志认证产品数不断增长，安全优质农产品品牌建设取得显著成效。2008 年，全国绿色食品认证产品数平均为 181.84 个，其中认证产品数最多的地区为山东，数量达 637 个；认证产品数最少的是西藏，数量仅为 3 个。2017 年，全国绿色食品认证产品数平均达 325.52 个，在 2008 年的基础上增长了 79%。2017 年，在 31 个省份中绿色食品认证产品数最多的是山东，认证数量达 1250 个；数量最少的是贵州，认证数为 21 个。2008 年，全国农产品地理标志认证产品数平均值为 3.9 个，其中认证产品数最多的是宁夏，数量为 26 个；而北京、天津、上海、江苏、浙江等 19 个省份认证数均为 0 个。

到2013年，全国农产品地理标志认证产品数均值达10.16个，认证数最多的为山东，达43个；而西藏、海南、北京的认证数均为0个。2017年，全国农产品地理标志认证产品数均值达7.48个，认证数最多的是山西，为22个；认证数最少的是天津、吉林和上海，认证数均为0个。安全优质农产品品牌认证的快速发展，有效推动了农业绿色生产和标准化生产，有利于实现农产品质量安全的“产管并举”，为中国农产品质量安全水平的持续提升注入了新的动力。

3. 2008–2017年中国农产品质量安全水平整体有所提高，但农产品质量安全水平区域差异较大，形势仍然比较严峻。2008–2017年，全国31个省份中只有4个省份的得分增长为负，其余省份的得分增长均为正；从全国平均水平来看，2008年，综合得分均值为–0.09，2010年和2013年综合得分均值达到最大值，均为0.06，2017年，综合得分均值为–0.02，说明全国农产品质量安全整体水平总体呈上升趋势。但是，农产品质量安全的形势仍不容乐观，综合得分均值的最大值呈波动下降的趋势，2008年农产品质量安全综合得分最大值为0.81，2011年达到了最高的0.96，2017年却下降到0.55。与此同时，中国农产品质量安全水平存在显著的区域差异。从省际农产品质量安全水平的泰尔指数和基尼系数来看，2014年后这两个指标均呈上升的趋势，尤其是基尼系数稳定在0.4的水平以上，表明中国农产品质量安全是存在显著的省际差异。从三大区域间农产品质量安全水平的泰尔指数分解结果来看，区域内差距显著大于区域间差距，是三大区域间农产品质量安全水平总体差异的主导因素，这一点可从区域内差异占比的数值来反映。2008–2017年区域内差异占比均值为90.58%，说明中国三大区域农产品质量安全水平的区域内差异在总体差异中占据绝对主导地位。总而言之，中国农产品质量安全水平存在显著的区域发展不平衡现象，为中国农产品质量安全保障工程的实施带来了挑战，创新农产品质量安全治理机制迫在眉睫。

第 4 章　经济社会发展转型背景下中国农产品质量安全宏观影响因素的理论分析

改革开放以来，中国社会发展经历的多次转型给农业农村改革带来了深刻影响。各个时期的改革加速了中国农业农村的发展，在农业农村发展所取得的成就中功不可没，但仍未能从根本上解决农业和农村的协调可持续发展问题，甚至在一定程度上加重了农村劳动力的流失、农业用地的短缺和城乡差距的扩大，正是这些问题导致中国农产品质量安全风险具有了“制度的逻辑”。因此，本章将在分析中国改革开放以来经济社会发展转型的基础上，通过数理模型推导分析农产品质量安全所面临的宏观因素冲击，为后续的实证分析提供理论依据。

4.1 改革开放以来中国经济社会发展转型的历史轨迹

4.1.1 1978–1991 年经济社会发展的“动员参与期”

1978 年十一届三中全会的成功召开，开启了中国改革开放的新局面，为中国现代化建设的征程按下了加速键。改革开放初期的主要任务就是动员人民群众的积极性，争取把“蛋糕”做大，因此这一时期属于“动员参与期”（张艳涛，林倩倩，2017）。面对我国农村人口众多且贫困的情况，农村、农业便成了中国社会主义改革的突破口。1979 年 9 月，《关于加快农业发展若干问题的决定》在党的十一届四中全会上得到通过，该文件明确提出在国家统一计划指导的前提下，允许农民因时因地制宜进行农业生产，这一政策有效保障了农民的经营自主权和生产积极性。1980 年 9 月，中共中央发布了《关于进一步加强和完善农业生产责任制的几个问题》，其中肯定了“包产到户”的社会主义性质。1982 年 1 月，中共中央、国务院颁布了《全国农村工作会议纪要》，标志着第一个关于“三农”问题的“一号文件”诞生。文件中通过“都是社会主义生产责任制”和“不同于合作化以前的小私有的个体经济，而是社会主义农业经济的组成部分”等表述，对“包产到户”“包干到户”和“大包干”的性质做了明确界定。1983 年 1 月，中国第二个中央“一号文件”诞生，即《当前农村经济政策的若干问题》，其从理论上阐释了家庭联产承包责任制“是在党的领导下中国农民的伟大创造，是马克思主义农业合作化理论在我国实践中的新发展”。自此，农村家庭联产承包责任制的星星之火以燎原之势在全国范围内迅速推广。

这一时期的改革，奠定了中国农村经济运行的制度基石，对农村改革和农业发展起到了极大的推进作用，爆炸性地释放出农村改革的巨大红利。“家庭联产承包责任制”的试点和推广充分调动了广大农民的生产积极性，显著提高了农村地区的粮食产量和生产力，加快了“三农”发展。同时，坚持公有制为主体、多种混合所有制共同发展，坚持按劳分配为主体的同时健全按生产要素分配的机制，释放了人民群众的主动性、积极性和创造性。这一时期最主要的特征就是“做大蛋糕”，即“发展是硬道理”。

4.1.2 1992–2000 年经济社会发展的“利益分化期”

1992 年，党的十四大确定了社会主义市场经济体制，加速了社会利益的分化。正如马克思所说，物质利益是推动社会前进的动力，但现实世界的利益是多元的，所以利益对立冲突在所难免。这一时期虽然“一号文件”没有再继续出台，但中央对农村改革依然还是非常重视的。在这一阶段，农村经济改革的重点主要是深化农产品流通体制改革，加快推进农业产业化经营。1993 年 11 月，中共中央、国务院出台了《关于建立社会主义市场经济体制若干问题的决定》，其中明确指出鼓励农业发展方式的变革，大力提倡农业产业化经营。1995 年 3 月，《中共中央、国务院关于做好 1995 年农业和农村工作的意见》出台，充分肯定农业产业化发展的重要作用，并提出农业产业化经营的具体要求。1996 年出台的《中共中央、国务院关于“九五”时期和今年农村工作的主要任务和政策措施》，将农业产业化纳入了“九五”期间农业和农村经济工作的基本要求。1998 年 10 月，《中共中央关于农业和农村工作若干重大问题的决定》于党的十五届三中全会上正式通过，会议总结了中国农村改革 20 年来的基本经验，首次提出了“三农问题”是关系我国改革开放和现代化建设全局的重大问题。但随后的几年中，中国的农村经济改革依然没有触动到城乡二元结构这个深层次矛盾，依然没有释放出应有的制度红利。

这一时期，中国经济社会得到了快速发展，“蛋糕”越做越大，但同时由于缺乏相关体制机制来合理调节利益差别，结果使得地区间、行业间的贫富差距越拉越大。尽管部分改革措施收到了良好的效果，但中国农村改革在此时期则陷入了相对缓慢的发展阶段。农村改革的滞后，使城市与农村地区的收入差距逐渐加大（任玉岭，于今，2009）。这一时期最主要的特征就是“分好蛋糕”，即“改革是硬道理”。

4.1.3 2001–2011 年经济社会发展的“表达诉求期”

进入 21 世纪后，针对社会发展不平衡的现实，人民群众有了更多表达利益诉求的意愿、方式和渠道。随着互联网时代和信息时代的到来，除了“信访”“听证会”等传统方式外，人民群众还可以通过电话、邮件、网络媒体等渠道表达利益诉求。在城乡二元结构的发展格局下，农民有了更多的利益诉求，为了从根本制度上解决城乡二元结构和统筹发展问题，从 2004 年起中央连续多年以“一号文件”的形式提出了农村改革的举措。2004 年的《中共中央国务院关于促进农民增加收入若干政策的意见》是中国进入 21 世纪后掀起农村改革高潮的第一个“一号文件”，从此中央给予种粮农民直接补贴。2005 年“中央一号文件”强调坚持“多予少取放活”的方针，要求稳定、完善和强化各项支农政策。到 2005 年底，中央全面取消了屠宰税、农业税、牧业税和特产税，平均每年减轻农民负担 1250 亿元。2007 年“中央一号文件”指出，发展现代农业是我国社会主义新农村建设的首要任务。其关键在于利用现代物质条件和科学技术来装备和改造农业，提高农业信息化、机械化和水利化程度；要用现代产业体系和经营形式来提升和推进农业，提高农业劳动生产率、资源利用率和土地产出率；要用现代发展理念和新型农民来引领和发展农业，提高农业素质、竞争力和效益。2008 年“中央一号文件”包括八个方面的内容：加快构建强化农业基础的长效机制；切实保障主要农产品基本供给；突出抓好农业基础设施建设；着力强化农业科技和服务体系基本支撑；逐步提高农村基本公共服务水平；稳定完善农村基本经营制度和深化农村改革；扎实推进农村基层组织建设；加强和改善党对“三农”工作的领导（苏彩和，和金生，2012）。2009 年“中央一号文件”包括五个部分的内容：加大对农业的支持保护力度；稳定发展农业生产；强化现代农业物质支撑和服务体系；稳定完善农村基本经营制度；推进城乡经济社会发展一体化（罗凌，2017）。2010 年“中央一号文件”指出，要在保持政策稳定性和连续性的基础上对“三农”工作的好政策作进一步的强化和完善，对“三农”投入首次强调“总量持续增加、比例稳步提高”。

这一时期，为满足广大农民的利益诉求，农村改革的主旋律是“多予、少取、放活”，农村综合改革逐步深化，支农惠农政策不断加强。但长期的城市偏向的发展战略，导致农村经济发展的长期失血，农业比较效益低下的状态没有根本改变，农村经济发展的内生造血机制还没有形成，广大农民的利益诉求一时难以得到满足。于是，社会阶层利益表达不当导致的群体性事件时有发生，导致社会稳定受到了威胁。这一时期最主要的特征就是“努力维护社会和谐稳定”，即“稳定是硬道理”。

4.1.4 2012 年至今经济社会发展的“整合凝聚期”

2012 年，以习近平同志为核心的党中央接过历史的接力棒，带领着中国人民继续在社会主义道路的征程上谋划人民幸福、国家富强、民族复兴的伟大事业。几年来，在以中国梦为目标，以“四个全面”战略布局和“五大发展理念”为路径，以公平正义和社会主义核心价值观为支点，党中央带领全国人民开拓出了发展新局面。这一时期，中央一号文件连续多年聚焦“三农”，以农业现代化和农业供给侧结构性改革为手段积极保障和改善民生。2012 年“中央一号文件”要求加快推进我国农业科技创新，以持续增强农产品供给保障能力。2013 年“中央一号文件”要求加快发展现代农业，进一步增强农村活力。2014年“中央一号文件”和2015年“中央一号文件”先后强调全面深化和加大力度改革，加快推进我国农业现代化建设。2016 年“中央一号文件”指出，要一致发展新理念，加快农业现代化，实现全面小康目标。2017 年“中央一号文件”指出，要深入推进农业供给侧结构性改革，加快发展农业农村发展新动能。2018 年“中央一号文件”明确提出实施乡村振兴战略。2019 年“中央一号文件”的主题为实现农业农村优先发展。

这一时期，“中国的社会发展明显滞后于经济发展，社会与经济之间出现了明显的不平衡不协调状况。其中关键的症结在于，社会公正问题已经成为一个影响中国社会经济发展全局、影响中国社会各个阶层的大问题”（吴忠民，2012）。2017 年，党的十九大报告指出，“经过长期努力，中国特色社会主义进入了新时代”。与此同时，中国社会的主要矛盾也随之发生了变化，人民日益增长的美好生活需要和不平衡不充分的发展之间的矛盾已成为主要矛盾。社会主要矛盾的变化说明当前时期中国社会发展最主要的特征是“努力把蛋糕分公平”，即“公平正义是硬道理”。

4.2 新时代下中国实施农产品质量安全保障工程的现实依据

4.2.1 农业农村改革的深刻影响

改革开放以来，中国社会发展经历了四个转型阶段，每一阶段的三农政策和农业发展特征各有不同。中国的农产品质量安全问题由来已久，可以说是社会发展转型过程中伴随着农业农村改革出现的产物。具体来看，农产品质量安全问题萌芽于改革开放初的“动员参与期”，这一时期“家庭联产承包责任制”充分调动了农民的生产积极性，农业生产以“增产”为导向给农产品质量安全埋下了隐患。农产品质量安全问题发展于 20 世纪 90 年代的“利益分化期”，市场经济环境下，农村空心化问题越来越严重，城乡发展差距的拉大，农业资源要素流失严重，这些问题正是中国农产品质量安全问题产生的制度逻辑。农产品质量安全问题凸显于 21 世纪初期的“表达诉求期”，农产品质量安全问题已成为 21 世纪中国农业发展面临的主要问题之一（郑风田，赵阳，2003）。一是人民群众开始追求更高水平的生活方式，对农产品质量安全问题的关注和诉求增加；二是随着行业、地区发展差距的扩大，一些群体的利益诉求未得到满足，如农产品相关从业人员，为了自身利益一味追求产量和效益而不顾农产品的质量安全，2002 年广东、广西等地出现的毒大米事件就是一个例子。中国特色社会主义新时代下，农产品质量安全问题不仅关系到社会民生，还关系到中国全面建成小康社会的实现，又关系到当前和今后一段时期中国农业农村改革的步伐，这也正是当前中国亟须解决农产品质量安全问题的根本所在。

4.2.2 质量兴农战略的明确要求

随着中国特色社会主义步入新时代，中国社会主要矛盾也随之发生改变，经济已由高速增长转向高质量发展阶段，“三农”的发展战略和方向也必须随之进行调整和变革。在此背景下，党中央审时度势，提出通过乡村振兴战略的实施加快推进农业农村现代化。习近平总书记进一步指出了实施乡村振兴战略的“两个必须”，即必须深化农业供给侧结构性改革和必须走质量兴农之路。质量兴农战略的出台，为中国新时期三农的发展指明了方向。

2019 年发布的《国家质量兴农战略规划（2018–2022 年）》对农产品质量安全工作提出了要求：要加强对农产品的质量安全监测、风险评估及预警，增强农产品质量安全执法监管能力。提高农产品质量安全水平是一个重大工程，要从五个方面着手：一是建设农产品质量安全信用体系；二是搭建农产品质量安全提升与样板工程；三是实行高效低毒低残留农兽药普及计划；四是建设农产品质量安全全程追溯体系；五是构建优质粮食工程。此外，该文件还从其他方面提出了提高农产品质量安全的相关配套措施。在加快农业绿色发展方面，要科学使用农业投入品，全面加强对农产品产地环境的保护和治理；在推进农业全程标准化方面，不仅要加快农业全产业链标准体系的健全完善，还应引进和转化国际先进农业标准；在促进农业全产业链融合方面，要大力建设冷链仓储物流设施，加快创新农产品流通方式；在培育提升农业品牌方面，要构建农业品牌体系，完善品牌发展机制；在强化农业科技创新方面，要加快质量导向型科技攻关，提升农机装备质量水平，推广绿色高效设施装备和技术；在建设高素质农业人才队伍方面，要壮大新型职业农民队伍，培育专业化农业服务组织，打造质量兴农的农垦国家队。

4.2.3 农产品质量安全保障工程意义重大

农产品质量安全问题关系重大，涉及消费者健康、三农发展、社会和谐和政治稳定等方面（张蓓，杨学儒，2015）。首先，实施农产品质量安全保障工程是保障人民群众生命健康安全和满足人民群众美好生活需要的必要举措。“民以食为天，食以安为先。”农产品质量安全与人民群众“舌尖上的安全”密切相关，关乎着生命健康安全的头等大事。现阶段，中国城乡居民的消费结构随着收入水平的提高而不断升级，其农产品的需求观念也随之发生变化，从过去的“有没有”转变为“好不好”，保障农产品质量安全也是满足人民群众消费需求、增强人民群众幸福感的举措。

其次，正所谓“务农重本，国之大纲”，实施农产品质量安全保障工程是推动农业乃至国民经济高质量发展的根基所在。质量兴农、农业高质量发展的根本在于“质量”，经济高质量发展的根本也在于“质量”，而农业又是国民经济的基础和支撑。在经济高质量发展阶段，通过高质量发展来补齐农业短板的要求比以往任何时期都更加迫切，保障农产品质量安全不仅是推进质量兴农战略的迫切要求，也是夯实新常态下经济高质量发展的基础支撑。

再次，实施农产品质量安全保障工程是促进农民收入持续增长、实现乡村振兴的有效途径。质量就是效益，农产品质量安全事件的出现会对消费者的消费信心和消费取向产生影响，进而影响农产品消费市场的稳定，导致农产品滞销，最终影响广大农民的收入和声誉。产业兴，则乡村兴。乡村振兴的关键在于产业兴旺，而产业的生命线在于农产品质量安全，保障农产品质量安全是促进农村产业兴旺、实现乡村振兴的有效途径。最后，实施农产品质量安全保障工程是建设农业强国的必经之路。质量就是竞争力，农产品质量安全关系到中国农业在国际市场上的竞争力。尤其是在品牌强国战略下，提高农产品质量安全水平是做大做强优势特色产业、打造中国农产品品牌和提高农业国际竞争力的关键，也是实现由农业大国向农业强国转变的必经之路。

4.3 现阶段中国农村改革与农业发展转型面临的根本挑战

4.3.1 农村空心化问题突出，农业资源要素急剧流失

改革开放以来，尤其是1984年以后，中国偏向城市的发展战略在很大程度上抑制了农业农村的发展，这种发展格局迫使大量农民为了生计从农村走向城市，从农民转变为农民工。作为农村经济主体的农民对农业和农村产生了一种挥之不去的“失望”心理，农业和农村在一定程度上处于被“放弃”或“忽视”的状态，农业资源要素流失现象严重。农村地区，尤其是西部地区的农村，大量青壮年劳动力外出务工，而留守务农的多是老年劳动力，农村“人才空心化”问题十分突出。普遍较低的文化程度可能导致农药、化肥等生产资料的使用不当，也限制了农业技术的推广，农业安全生产根本得不到保障。据第二次全国农业普查的资料显示，我国50岁以上的农业从业人员占比高达32.5%。毋庸置疑，这一比例在我国中西部地区则会更高，根据李敬（2012）在重庆市的田野调查，当前农业劳动力平均年龄高达67岁。农村人口空心化是乡村发展所需各类人才流失和主体日渐老弱化的关键所在（郑殿元等，2019）。中国农业劳动力的素质呈结构性下降，用工成本的迅速上涨缩小了现代农业依靠低成本劳动力支撑的发展空间（陈萌山，2012）。国土资源部的数据显示，我国每年撂荒的耕地近3000万亩。对于农村空心化的原因，陈坤秋等（2018）认为是城乡二元结构及城乡二元结构下的制度体系、城乡社会经济发展差异及其带来的城乡地域功能差异和农村自身资源禀赋与区位条件的共同作用结果。豆勇超（2019）指出，乡村振兴战略实施要面对的一大问题便是农村空心化现象。然而目前农村人才的空心化、农村产业的空心化、土地利用的空心化、农村资本的空心化仍然十分严重，导致我国城乡统筹发展进入困局，如不加速治理农村空心化、引导农业要素资源回流，乡村振兴恐将

难以实现。

4.3.2 农业发展方式仍比较粗放，资源环境约束趋紧

中国的农业资源越来越紧缺是一个不争的事实。中国现有耕地 18.26 亿亩，其中中低产田占 2/3。从 1996 年到 2008 年，中国的耕地面积减少了 833.3 万公顷。目前，中国人均土地资源仅仅是世界平均水平的 40%，水资源和森林资源仅仅是世界平均水平的 1/4。在这种资源状态下，农业生产中化肥、农药等投入是全世界规模最大的，然而其利用效率又非常低。中国化肥的利用率仅 35%，农药的利用率仅 30%，水的利用率只有 40%，有效灌溉面积只有 48%（张红宇，2007）。中国农业增长的科技含量很低，来自科技进步的贡献大约为 52%，而一般发达国家在 75% 以上；中国农机使用率只有 50%，手工劳动依然占到一半。主要依靠增加投入获得增长的农业生产方式不仅带来了资源浪费，还带来了巨大污染。全国污染源的普查结果显示，COD 的排放，农业占到 47%；氮和磷的排放，农业占到 50% 以上。中国现在的农业发展一定程度上是以牺牲未来的土壤资源、自然环境为代价的（陈锡文，2010，2011）。从现实情况和未来趋势看，中国农业发展所面临的耕地、淡水等资源的刚性约束和生态环境保护的压力进一步加剧，依靠大量消耗资源的传统生产方式已难以为继（陈萌山，2012）。《国家质量兴农战略规划（2018–2022 年）》明确指出，相对粗放的生产经营方式、产地环境治理难题、部分地区资源消耗过度等现象并存，资源环境约束的日益趋紧给中国农产品质量安全水平提升和农业高质量发展提高带来了严峻的挑战。

4.3.3 农业“提质导向”理念尚未普及，农产品供需矛盾突出

《国家质量兴农战略规划（2018–2022 年）》指出，中国农业由增产导向转向提质导向的理念尚未普及，农产品生产结构与市场不匹配，同时部

分农产品进口依赖度高。目前中国粮食有10%的供给缺口，土地产能缺口高达20%（陈锡文，2012）。据海关统计，2010年中国进口粮食（包括谷物及谷物粉、豆类、淀粉块茎及薯类）6695.5万吨，比上年增长28.2%；价值280.8亿美元，比上年增长35.6%。同期，中国出口粮食275.1万吨，价值18.5亿美元，分别比上年下降16.2%和7.3%。2010年中国粮食净进口量为6420.4万吨，同比增长31.2%。2010年，中国从美国进口粮食2529.8万吨，增长13.8%，占同期中国粮食进口总量的37.8%；从巴西的粮食进口为1858.9万吨，增长16.2%，占27.8%；从阿根廷的粮食进口为1119.1万吨，增长2倍，占16.7%；从澳大利亚进口粮食225.7万吨，增长88.4%。2015年，中国的粮食缺口达400亿斤。数据显示，从2002-2015年，中国粮食进口量增长了780%。2016年中国进口稻米、大豆分别达353万吨和8391万吨，创历史新高，中国也成了全球最大的农产品进口国之一。据中国农业科学院预测，到2025年底，中国三大主要粮食作物（小麦、大米和玉米）将发生2500万吨的供应缺口，而所有粮食的供应缺口更是将达到1.3亿吨。可以看出，目前中国农产品尤其是粮食类的供给缺口仍然比较大，不仅存在数量上的供需不均衡，还存在质量和结构上的供需不均衡。但质量兴农战略背景下农业高质量发展则要求农业由增产导向转向提质导向，这便要求政府在高质量发展与增加产量缓解供需矛盾之间寻找到一个平衡点，这给农产品质量安全的保障提出了新的挑战。

4.4 经济社会发展转型背景下中国农产品质量安全宏观影响因素的理论分析

4.4.1 农产品生产函数的设定

基于柯布 - 道格拉斯生产函数模型，根据质量安全与否，我们可将农产品分为“安全农产品”和“问题农产品”，假定安全农产品的生产函数为：

$$Y_a = AK^{\alpha} L^{\beta} S^{\delta} \tag{4.1}$$

其中 Y_a 为质量安全符合标准的农产品产量，A 为生产技术，K 为投入的资本，L 为投入的劳动力，S 为投入的土地。设定安全农产品生产的成本为 C_a。

而在问题农产品的生产过程中，生产者往往以次充好，以相对少的资本、劳动力和土地投入，而追求相对更高的产出。因此，问题农产品的生产函数可以设定为：

$$Y_b = AK^{\alpha} L^{\beta} S^{\delta} + \theta = (Y_a + \theta) \tag{4.2}$$

其中 Y_b 为存在质量安全问题的农产品产量，A 为生产技术，K 为投入的资本，L 为投入的劳动力，S 为投入的土地，θ 为以次充好牺牲质量的额外产出。设定问题农产品的生产成本为 $C_a + C_b$，其中 C_b 是以次充好牺牲质量的额外成本，比如过量施用的农药、化肥和农膜等方面的成本投入。

4.4.2 中国农产品质量安全宏观影响因素的博弈分析

假定问题农产品被检出的概率为 $1-\rho$，当被检出时，农产品被没收；不被检验出的概率为 ρ（$0< \rho <1$），农产品价格为 P。

由于农产品的消费弹性很小，假定全社会农产品的消费量为 U_0。生产的总产量如果超出 U_0，则不能产生交易，造成生产浪费，不能产生回报。

当劳动力、土地等生产资料充裕时，$Y_a = AK^{\alpha} L^{\beta} S^{\delta} \geq U_0$，此时，生产安全农产品的收入为：

$$W_a = PU_0 - C_a \tag{4.3}$$

生产问题农产品的收入为：

$$W_b = \rho P U_0 - C_a - C_b \quad (4.4)$$

因为 $W_b < W_a$，所以不存在生产问题农产品的可能。

当劳动力、土地等生产资料不再充裕时，比如城市的扩张和工业化进程的加快，导致耕地减少，同时农村农业的劳动力过度向城市、工业转移，导致农业资源生产要素的大幅流失，则 $Y_a = AK^{\alpha}L^{\beta}S^{\delta} < Y_b \leq U_0$，形成生产缺口，此时：

生产安全农产品的收入为：

$$W_a = PY_a - C_a \quad (4.5)$$

生产问题农产品的收入为：

$$W_b = \rho PY_b - C_a - C_b = \rho P * (Y_a + \theta) - C_a - C_b \quad (4.6)$$

问题农产品的生产条件是 $W_b > W_a$，即：

$$\rho P * (Y_a + \theta) - C_a - C_b > PY_a - C_a \quad (4.7)$$

当农村的农业生产者家庭收入较低，且又无其他收入来源的情况下，他们往往会追求更高的 W_b。因此在城乡二元发展背景下，城乡发展差距尤其是城乡收入差距过大，农民收入相对更低的情况下，他们选择生产问题农产品的动机则就越强，此时农产品质量安全问题会更加严重。

根据（4.6）和（4.7）式，可得：

$$PY_a * (\rho - 1) + \rho P\theta - C_b > 0 \quad (4.8)$$

将 $Y_a = AK^{\alpha}L^{\beta}S^{\delta}$ 代入式（4.8），即得：

$$PAK^{\alpha}L^{\beta}S^{\delta} * (\rho - 1) + \rho P\theta - C_b > 0 \quad (4.9)$$

令 $F = PAK^{\alpha}L^{\beta}S^{\delta} * (\rho - 1) + \rho P\theta - C_b > 0$

根据式（4.9），由于 0< ρ <1，则：

$$\frac{\partial F}{\partial L} = PA\alpha\beta K^{\alpha} L^{\beta-1} S^{\delta} * (\rho - 1) < 0 \tag{4.10}$$

说明劳动力越短缺，则农户选择生产问题农产品的动机越强。

根据式（4.9），则：

$$\frac{\partial F}{\partial S} = PA\alpha\theta K^{\alpha} L^{\beta} S^{\delta-1} * (\rho - 1) < 0 \tag{4.11}$$

说明土地资源越短缺，则农户选择生产问题农产品的动机越强。

根据式（4.9），在选择生产问题农产品的情况下，必须有高于生产安全农产品带来的收入，$\rho PY_b > PY_a$，所以：

$$\frac{\partial F}{\partial P} = \rho Y_b - Y_a > 0 \tag{4.12}$$

说明农产品价格越高，则农户选择生产问题农产品的动机越强。

根据式（4.9），则：

$$\frac{\partial F}{\partial \theta} = \rho P > 0 \tag{4.13}$$

说明问题农产品的生产产出越高，则农户选择生产问题农产品的动机越强。

根据式（4.9），则：

$$\frac{\partial F}{\partial \rho} = PY_b > 0 \tag{4.14}$$

说明问题农产品不被检出的概率越高，即监管力度越弱，则农户选择生产问题农产品的动机越强。

根据以上分析，基于当前中国社会发展转型和质量兴农战略的背景，结合农村改革和农业发展转型对中国农业生产的影响，从宏观层面来看，农产品质量安全问题的主要影响因素有：城镇化、农业劳动力、城乡发展差距、农业土地投入和农产品价格。从微观层面来看，农产品质量安全监管力度对农产品质量安全问题具有重要影响。

4.5 本章小结

本章回顾了 1978 年以来中国经济社会发展转型的历史轨迹，并分析了经济社会发展转型的不同阶段对中国农村改革与农业发展转型的影响，然后从理论上分析了当前中国经济社会发展转型背景下保障农产品质量安全的现实依据以及保障农产品质量安全面临的根本挑战，最后通过建立农产品生产函数对农产品质量安全的宏观影响因素进行了理论分析。

1. 1978 年以来，中国经济社会发展经历了四个转型阶段，对农村改革和农业发展产生了重大的影响。具体来看，“动员参与期”农业和农村改革的主题是“发展”，最大程度激发农业农村的生产活力；“利益分化期”农业和农村改革的主题是“改革”，表现为加快农产品流通体制改革和加快推进农业产业化经营；“利益诉求期”农业和农村改革的主题是“多予少取放活”，以缩小城乡发展差距；“整合凝聚期”农业和农村改革的主题是“公平”，切实保障和改善民生成为了“三农”政策的落脚点。农业和农村改革取得了举世瞩目的成绩，但同时存在的问题也不容忽视。当前，中国农业基础薄弱、农业经济效益低下、农业发展方式粗放的局面尚未根本转变。

2. 在经济社会发展转型的影响与质量兴农战略背景下，保障中国农产品质量安全意义重大且挑战严峻。中国的农产品质量安全问题由来已久，可以说是社会发展转型过程和农业农村改革中出现的产物。保障农产品质量安全，既是当前我国社会发展阶段的要求，也是质量兴农战略的战略布局和重要任务，关系重大且意义深远。与此同时，受经济社会发展转型以及农业农村改革带来的负面影响，保障农产品质量安全面临着三个方面的根本挑战：一是农村空心化，加速了农业资源要素的流失，导致农产品质量安全从源头上缺少了生产要素的保障；二是传统的农业发展方式亟待转变，资源环境约束的日渐趋紧为农产品质量安全风险提供了孕育发展的温床；三是中国农业由增产导向转向提质导向的理念尚未普及，农产品供需矛盾突出，增加了农产品质量安全隐患。

3. 从博弈分析结果来看，中国农产品质量安全的宏观影响因素主要有城镇化、农业劳动力、城乡发展差距、农业土地投入和农产品价格等。1978 年以来中国各阶段的农业农村改革，没有从根本上解决农业和农村的可持续协调发展问题，甚至在一定程度上加重了农村劳动力的流失、农业用地的短缺、城乡差距的扩大和生态环境的恶化等问题。从中国经济社会发展转型和质量兴农战略实施的角度来看，农村改革和农业发展转型过程中带来的问题在当前和今后一段时间内仍会影响农产品质量安全。城镇化进程中，往往伴随着农村农业劳动力的转移、农业用地被用于城镇化建设、农业生产环境的恶化等现象，使得农业生产要素投入和农业生产环境得不到保障，同时为了满足农产品的市场需求而保证产量，农药、化肥、农膜等生产资料的施用量便大幅增加，便催生了农产品质量安全问题的恶性循环。此外，城乡收入差距的扩大、农产品价格的上涨均会导致农业生产者急于追逐更多的个人利益，而不顾农产品质量安全，这也正是农户生产行为出现“一家两制”现象的原因之一。总而言之，从农产品生产函数的博弈分析结果来看，城镇化进程、城乡发展差距扩大、农业劳动力减少、农业土地投入减少和农产品价格波动等是影响农产品质量安全的五个主要宏观因素。

第 5 章　空间关联视角下中国农产品质量安全宏观影响因素的实证检验：基于省域层面

经济社会发展转型背景下，理论分析表明，中国农产品质量安全水平面临着城镇化、农业劳动力、城乡发展差距、农业土地投入和农产品价格等多重宏观因素的影响。运用第三章中中国各地区农产品质量安全水平的测度数据，本章将在空间关联视角下，基于省域层面来实证检验中国农产品质量安全的宏观影响因素，并对其空间效应进行分解，为中国农产品质量安全宏观防控与源头治理机制的设计提供支撑和依据。

5.1 相关研究动态

近年来，中国农产品质量安全治理体系逐步完善，政策实施效果凸显，但中国农产品质量安全防控政策依然停留在“头痛医头、脚痛医脚”层面，在设计上缺乏“系统思维”和“治本理念”，所以农产品质量安全事件仍时有发生。基于此，部分学者开始转变思维，纷纷从宏观层面探索农产品质量安全问题的影响因素，以期为农产品质量安全的宏观防控和源头治理提供新的视角。具体来看，国内学者的研究主要集中在以下几个方面：

1. 城镇化对农产品质量安全的影响。陈锡文（2012）指出，城镇化进程中要特别注意“三农”问题的解决，妥善处理好城镇化进程中农村的土地问题和劳动力流动问题，保障主要粮食、其他农产品的供应和质量安全。陈诚（2016）研究认为，快速的城镇化进程导致中国农业发展面临着日益严重的耕地数量减少、质量下降的问题，加快建立科学的耕地质量评价体系和城镇化用地规划，对于农产品质量安全保护具有重要意义。邓小云（2016）认为，新型城镇化进程中的隐形环境问题为农产品质量安全埋下了隐患，必须加快建立健全农产品质量安全监管、农业面源污染防治和排污权交易等制度。

2. 农村劳动力对农产品质量安全的影响。黄恩等（2014）基于湖北省的研究指出，农村剩余劳动力的转移会对粮食生产造成不利的影响，为保障粮食生产效率和生产质量，必须加快提升农村留守劳动力的农业素质。程杰贤和郑少锋（2018）研究指出，政府规制有利于农产品质量安全水平的改善和提高，而户主文化程度、家庭劳动力数量对农户接受政府规制具有负向影响。薛宝飞和郑少锋（2019）实证研究发现，家庭劳动力数量对农户果品质量安全生产技术使用量起负向作用，会在一定程度上增加果品质量安全风险。

3. 收入差距对农产品质量安全的影响。许红莲和胡愈（2013）指出，生产者贫富分化的“拖拽效应”是培植农产品质量安全问题的温床，针对这一问题，须加大对农业生产者的支持，缩小贫富差距。郭亚军和姚顺波（2019）研究指出，农产品质量安全信息不对称的情况下，农户收入的异质性以及要素成本变化的不对称性导致了农业生产“一家两制”现象的产生。张超等（2019）研究发现，城乡收入差距的扩大会显著提高农药施用强度，但这一影响会随着农村居民人均收入的增加而减弱，提高农产品质量安全水平与促进农民增收、缩小城乡收入差距在政策目标上具有较大协同性。

4. 农产品价格对农产品质量安全的影响。虞森和郭利丰（2011）指出，安全优质农产品的生产成本决定其价格必然较高，存在突出的质量安全系数高、价格优势低的矛盾，优质不能优价在很大程度上制约了我国农产品质量安全水平的提高。李凯（2015）研究指出，中国农产品优质优价机制的缺失导致安全优质农产品溢价难以实现，进而影响了农产品质量安全。陈丽华等（2016）研究表明，农户参与农产品质量安全可追溯体系是从源头上保障农产品质量安全的关键，而农户的参与意愿受家庭种植年收入、市场价格预期等的影响。

5. 农业土地投入对农产品质量安全的影响。卢信等（2014）指出，土地是影响农产品质量安全最直接的因素，随着中国社会经济的持续快速发展和人口增长，农业土地减少和土壤污染问题已严重威胁到中国农产品质量安全。程杰贤和郑少锋（2018）研究指出，政府规制通过促进农户新技术的采用进而提高农产品质量安全水平，但耕地面积的减少制约了政府规制。薛宝飞和郑少锋（2019）分析了农户技术偏好和选择行为的影响因素，认为种植面积对农产品质量安全生产技术选择行为具有显著正向作用，积极推动土地流转以保障土地投入面积是提高农产品质量安全的有效途径。

综合来看，上述研究分析了城镇化、农村劳动力、收入差距、农产品价格、农业土地投入等对农产品质量安全的影响，拓展了农产品质量安全源头影响因素的研究视野。但是，上述研究理论分析的多，实证研究的比较少；微观层面分析的多，而宏观层面的分析较少，且鲜有综合考虑中国经济社会发展转型、农村改革和农业发展转型的现实背景。此外，上述研究也没有考虑到中国农产品质量安全的空间关联因素。基于此，本研究将基于空间关联视角，运用省际面板数据来对中国农产品质量安全的宏观影响因素进行实证检验。

5.2 实证研究设计

5.2.1 实证模型建立

（1）普通面板模型的建立。根据 4.4 章节的研究结论，从中国经济社会发展的角度来看，影响农产品质量安全问题的主要宏观因素有城镇化、农业劳动力、城乡发展差距、农业土地投入和农产品价格。这里通过引入生产函数的传统分析框架，并在这一思路中将农产品质量安全水平当作一项“投入”用于生产过程中，设立了基础的反映城镇化、农业劳动力、城乡发展差距、农产品价格、农业土地投入等与农产品质量安全水平关系的生产函数：

$$QF = f(URBAN, LABOR, GAP, PPI, SOW) \tag{5.1}$$

为减少异方差带来的影响，本研究进一步对所有指标均取对数，构建了传统的面板模型：

$$\begin{aligned} \ln QF_{it} = {} & \beta_1 \ln URBAN_{it} + \beta_2 \ln LABOR_{it} + \beta_3 \ln GAP_{it} + \beta_4 \ln PPI_{it} \\ & + \beta_5 \ln SOW_{it} + \alpha_i + v_t + \varepsilon_{it} \end{aligned} \tag{5.2}$$

其中，QF为农产品质量安全水平，$URBAN$为城镇化，$LABOR$为农业劳动力，GAP为城乡发展差距，PPI为农产品价格，SOW为农业土地投入。α_i和v_t分别表示个体效应和时间效应，i、t表示省份和时间。ε_{it}为残差。

（2）空间面板模型的建立。在经济新常态发展和质量兴农战略背景下，各地区农村经济在开放条件下的互动特征更加明显，加之生态影响的外部性和农业生产的特殊区域性，各地区农村生产要素和农产品质量安全特征的邻近影响效应越来越明显。因此，本研究在普通面板模型的基础上进一步将空间影响纳入实证之中，选择相应的空间面板模型来实证检验农产品质量安全的宏观影响因素。

空间面板模型又可分为三类，其空间影响各有不同。一类是空间面板滞后模型（Pooled Model with Spatially Lagged Dependent Variable）。运用这类模型可考虑到其他相邻地区农产品质量安全水平对本地区农产品质量安全水平的影响，具体模型可表示为：

$$QF_{it} = \delta \sum_{j=1}^{N} W_{ij} QF_{jt} + \alpha + X_{it}\beta + \varepsilon_{it} \tag{5.3}$$

式（5.3）中 QF_{it} 为 i 地区的农产品质量安全水平，QF_{jt} 为其他地区的农产品质量安全水平，W_{ij} 为空间权重矩阵，δ 为反映空间影响的空间自回归系数，X_{it} 为影响农产品质量安全水平的其他影响，β 是影响因素的回归系数向量，ε_{it} 是残差。

第二类是误差自回归模型（The Spatial Error Model）。运用这类模型可考虑到相邻地区误差项对其他未列出变量和冲击的影响，具体模型可表示为：

$$QF_{it} = \alpha + X_{it}\beta + \xi_{it}\ ;\quad \xi_{it} = \lambda\sum_{j=1}^{N}W_{ij}\xi_{jt} + \varepsilon_{it} \tag{5.4}$$

式（5.4）中 QF_{it} 为 i 地区的农产品质量安全水平，X_{it} 为影响农产品质量安全水平的其他影响因素，β 是影响因素的回归系数向量，ξ_{it} 是没有考虑空间影响的误差项，W_{ij} 为空间权重矩阵，λ 为反映空间影响的空间自回归系数，ε_{it} 是残差。

第三类是空间杜宾模型（Spatial Durbin Model）。这类模型在空间滞后模型的基础上进行了扩充，可考虑到其他相邻地区某些解释变量对本地区农产品质量安全水平的影响。具体模型可表示为：

$$QF_{it} = \delta\sum_{j=1}^{N}W_{ij}QF_{jt} + \alpha + X_{it}\beta + \sum_{j=1}^{N}W_{ij}X_{jt}\theta + \varepsilon_{it} \tag{5.5}$$

式（5.5）中 QF_{it} 为 i 地区的农产品质量安全水平，QF_{jt} 为其他地区的农产品质量安全水平，W_{ij} 为空间权重矩阵，δ 为反映空间影响的空间自回归系数，X_{it} 为影响农产品质量安全水平的其他影响因素，β 是影响因素的回归系数向量，θ 为其他地区自变量的空间影响系数，ε_{it} 是残差。

LeSage 和 Pace（2009）的研究发现，如果一些没有观察到的变量，服从一阶空间自回归，而被模型所忽略，这些变量又与模型中的自变量相关，则一般的空间滞后模型的估计结果是有偏的。而在一般的空间滞后模型基础上，加上自变量的空间自回归，即空间杜宾模型，其估计是无偏的。即使数据服从于空间误差自回归，空间杜宾模型的估计也是无偏的。因此，本研究拟采用空间杜宾模型从省域层面对农产品质量安全水平的宏观影响因素进行实证检验。

5.2.2 指标选择与权重构建

（1）指标选择与数据来源。根据第 4 章的研究结论，中国农产品质量安全问题的宏观影响因素主要有城镇化、农业劳动力、城乡发展差距、农业土地投入和农产品价格。考虑到指标选择的科学性和数据的可得性，本研究用城镇化率即城镇人口与总人口之比（URBAN）来反映城镇化进程；用农业从业人员与全部从业人员之比（LABOR）来反映农村劳动力的流动情况；用城乡收入差距（GAP）即城镇居民人均可支配收入与农民人均可支配收入之比来反映城乡发展差距；用农产品生产者价格指数（PPI）反映农产品价格波动情况；用人均播种面积（SOW）反映农业土地投入状况。

将以上指标代入式（5.5），最终本研究拟采用的实证模型为：

$$QF_{it} = \delta\sum_{j=1}^{N} W_{ij}QF_{jt} + \alpha + \beta_1 URBAN_{it} + \beta_2 LABOR_{it} + \beta_3 GAP_{it} + \beta_4 PPI_{it} + \beta_5 SOW_{it} + \sum_{j=1}^{N} W_{ij}\left(URBAN, LABOR, GAP, PPI, SOW\right)_{jt}\theta + \varepsilon_{it} \tag{5.6}$$

结合第 3 章中国农产品质量安全水平的测度结果，考虑到指标数据的可得性，故本研究选取 2008–2017 年中国 30 个省份（西藏、港澳台除外）的省际面板数据来对农产品质量安全的宏观影响因素进行实证分析。其中，农产品质量安全水平（QF_{it}）运用第 3 章中所得到的测度数据，其他指标变量的原始数据则来自历年《中国统计年鉴》《中国农村统计年鉴》

以及各省份的统计年鉴。各指标变量的描述性统计如表 5-1 所示。

表 5-1　变量的描述性统计

变量名称	变量说明	观测值	均值	标准差
QF	农产品质量安全水平	300	-0.0238	0.3711
URBAN	城镇化水平	300	54.7204	13.2091
LABOR	农业从业人员占比	300	35.9692	14.8886
GAP	城乡收入差距	300	2.8095	0.5146
PPI	农产品生产者价格指数	300	124.0086	16.7876
SOW	人均播种面积	300	1.8610	1.0578

（2）空间权重矩阵的构建。在空间权重矩阵的选择上，为确保检验结果的稳健性，本研究引入了两个空间权重矩阵。首先，选取地理单元在空间上是否邻接作为权重赋值，即采用空间邻接权重矩阵 $W1$，具体设置如下：

$$W_{ij}=\begin{cases}1, i \neq j\text{且}i\text{与}j\text{地理位置相邻}\\0, i \neq j\text{且}i\text{与}j\text{地理位置不相邻}\\0, i = j\end{cases} \tag{5.7}$$

其次，考虑到经济因素是地区间农产品质量安全相互影响的重要因素，因此又选取了空间经济距离权重 $W2$。本研究借鉴师博和任保平（2019）的方法，用地区间人均实际 GDP 年均值的绝对差额倒数表征经济距离权重（W2）。其计算公式如下：

$$W_{ij}=\begin{cases}\dfrac{1}{\left|\overline{X}_i-\overline{X}_j\right|}, i \neq j\\0\quad, i \neq j\end{cases} \tag{5.8}$$

其中 $\overline{X}_i=\frac{1}{10}\sum_{t=2008}^{2017}X_{it}$，$X_{it}$ 代表 i 地区在 t 时期的实际 GDP。若两个地区经济发展程度越接近，分母越小，则权重越大；若两地经济发展程度差距较大，分母越大，则权重越小。

5.3 空间相关性检验

5.3.1 方法选择

地理学第一定律指出世界上任何事物间都具有一定相关性，且近处事物的相关性高于远处事物的相关性，这种相关性也被称为空间依赖性。而空间自相关则主要指空间上的位置越邻近的区域，其取值就越相似。检验区域空间相关性常用的方法是空间自相关指数 *Moran's I*，其计算公式如下：

$$Moran's\ I = \frac{\sum_{i=1}^{n}\sum_{j=1}^{n} W_{ij}(x_i - \bar{x})(x_j - \bar{x})}{S^2 \sum_{i=1}^{n}\sum_{j=1}^{n} W_{ij}} \tag{5.9}$$

式中，$S^2 = \frac{\sum_{i=1}^{n}(x_i - \bar{x})^2}{n}$ 代表样本方差，W_{ij} 代表空间权重矩阵的 (i, j) 元素，n 为地区总数，$\sum_{i=1}^{n}\sum_{j=1}^{n} W_{ij}$ 为所有空间权重的总和。

Moran's I 指数的取值范围在［-1，1］之间，若值大于 0，则为正相关，呈现出空间集聚态势；反之，则呈现出空间离散态势。

5.3.2 全局莫兰指数检验

本研究分别采用邻接权重矩阵和经济距离权重矩阵来对变量数据进行全局空间相关性检验。由表 5-2 可知，邻接距离权重下，2008–2017 年农产品质量安全水平均通过了显著性检验，且农产品质量安全水平的全局莫兰指数都显著为正，表明中国各省份农产品质量安全水平存在明显的空间相关性。此外，所有年份的城镇化水平、农业从业人员占比、城乡收入差距、农产品生产者价格指数和人均播种面积的全局莫兰指数也都在 1%、5% 和 10% 的显著性水平下为正值，表明上述农产品质量安全水平的宏观影响因素均存在明显的空间相关性。因此在实证研究过程中，应当考虑其存在的空间效应。

表 5-2　邻接权重（W1）的全局空间相关性检验

年份	QF	URBAN	LABOR	GAP	PPI	SOW
2008	0.272*** （2.658）	0.414*** （3.683）	0.420*** （4.012）	0.571*** （4.877）	0.264*** （2.492）	0.175** （1.705）
2009	0.252*** （2.447）	0.426*** （3.789）	0.423*** （4.020）	0.547*** （4.696）	0.420*** （3.738）	0.175** （1.703）
2010	0.233** （2.229）	0.411*** （3.650）	0.423*** （4.055）	0.533*** （4.575）	0.260*** （2.512）	0.180** （1.742）
2011	0.206** （2.016）	0.398*** （3.541）	0.435*** （4.131）	0.527*** （4.527）	0.403*** （3.608）	0.175** （1.705）
2012	0.178** （2.024）	0.387*** （3.449）	0.459*** （4.271）	0.530*** （4.562）	0.001 （0.302）	0.176** （1.709）
2013	0.157** （1.769）	0.388*** （3.466）	0.469*** （4.348）	0.524*** （4.516）	0.402*** （3.593）	0.178** （1.723）
2014	0.123** （1.646）	0.386*** （3.448）	0.452*** （4.251）	0.402*** （3.578）	0.178** （1.764）	0.176** （1.712）
2015	0.212** （2.097）	0.399*** （3.551）	0.463*** （4.322）	0.420*** （3.719）	0.398*** （3.726）	0.172** （1.676）
2016	0.2000** （1.929）	0.409*** （3.636）	0.468*** （4.359）	0.412*** （3.649）	0.637*** （5.434）	0.166* （1.628）
2017	0.136* （1.488）	0.413*** （3.668）	0.469*** （4.371）	0.401*** （3.563）	0.524*** （4.841）	0.186** （1.796）

注：括号内为 z 值，* 表示 P<0.1，** 表示 P<0.05，*** 表示 P<0.01。

由表 5-2 可知，经济距离权重下，只有 2008 年和 2010 年的农产品质量安全水平通过了显著性检验，而其余年份的农产品质量安全水平均未通过显著性检验，表明经济距离权重下中国各省份农产品质量安全水平不存在明显的空间相关性。此外，在农产品质量安全宏观影响因素中，所有年份的城镇化水平、农业从业人员占比、城乡收入差距和人均播种面积的全局莫兰指数显著且为正值，但农产品生产者价格指数多数年份均不显著。综合来看，经济距离权重下的全局空间自相关检验显示，2008–2017 年，中国农产品质量安全水平及农产品生产者价格指数不存在明显的空间相关性。

表 5–3　经济距离权重（W2）的全局空间相关性检验

年份	QF	URBAN	LABOR	GAP	PPI	SOW
2008	0.114** （1.658）	0.642*** （7.479）	0.708*** （8.820）	0.330*** （3.950）	0.059 （1.052）	0.127** （1.772）
2009	–0.048 （–0.153）	0.647*** （7.536）	0.707*** （8.767）	0.350*** （4.177）	–0.033 （0.011）	0.134** （1.842）
2010	0.090* （1.399）	0.651*** （7.546）	0.688*** （8.606）	0.346*** （4.123）	0.002 （0.422）	0.136** （1.862）
2011	0.044 （0.652）	0.657*** （7.618）	0.690*** （8.573）	0.341*** （4.071）	0.043 （0.862）	0.139** （1.897）
2012	–0.076 （–0.791）	0.662*** （7.680）	0.700*** （8.563）	0.349*** （4.166）	–0.051 （–0.188）	0.141** （1.920）
2013	–0.083 （–0.605）	0.663*** （7.689）	0.709*** （8.650）	0.343*** （4.106）	–0.203** （–1.864）	0.143** （1.940）
2014	–0.082 （–0.664）	0.665*** （7.719）	0.712*** （8.753）	0.227*** （2.883）	–0.135 （–1.120）	0.144** （1.947）
2015	–0.015 （0.222）	0.668*** （7.734）	0.716*** （8.782）	0.215*** （2.748）	0.082* （1.346）	0.146** （1.974）
2016	0.075 （1.216）	0.670*** （7.771）	0.710*** （8.694）	0.213*** （2.721）	–0.116 （0.882）	0.146** （1.975）
2017	0.057 （1.005）	0.67*** （7.785）	0.705*** （8.649）	0.208*** （2.675）	0.021 （0.643）	0.120** （1.696）

注：括号内为 z 值，* 表示 P<0.1，** 表示 P<0.05，*** 表示 P<0.01。

综合表 5–2 邻接距离权重（W1）和表 5–3 经济距离权重（W2）全局空间自相关检验的结果来看，邻接距离权重下农产品质量安全水平及其影响因素指标均存在明显的空间相关性，而经济距离权重下农产品质量安全水平不存在明显的空间相关性，且影响因素中农产品生产者价格指数的空间相关性也不明显。为进一步比较两种权重应用于空间面板模型分析的效果，我们在后面章节的空间面板模型分析中将进一步比较分析两种权重的效果。

5.4 中国农产品质量安全宏观影响因素的实证分析——基于空间 Durbin 模型

5.4.1 普通面板模型分析

根据 5.2 章节构建的实证模型，我们首先对农产品质量安全宏观影响因素进行普通面板模型分析。为分析农产品质量安全宏观影响因素的区域差异性，我们在分析全国的基础上对东、中、西部地区分别进行回归分析。首先分别对全国和东中西部地区进行 Hausman 检验，以确定普通面板模型是采用随机效应还是固定效应。全国豪斯曼检验的 P 值为 0.1622，接受随机效应的原假设；东中西部地区豪斯曼检验的 P 值分别为 0.6003、0.7753 和 0.2097，均接受随机效应的原假设。因此，采用随机效应对全国和东中西部地区进行回归。

表 5–4 普通面板模型回归结果

变量	全国	东部地区	中部地区	西部地区
URBAN	0.0681 （0.21）	0.8093 （1.03）	1.4892*** （3.82）	0.1146 （0.33）
LABOR	0.2469* （1.80）	0.2221 （0.93）	0.9976** （2.38）	–0.0493 （–0.18）
GAP	–0.5819** （–2.04）	–1.1178** （–2.24）	–0.1088 （–0.38）	–0.0686 （–0.22）
PPI	0.5919*** （2.62）	1.4623*** （2.68）	0.8036* （1.78）	0.2901 （1.41）
SOW	0.0629*** （2.75）	0.1128*** （2.69）	0.0371*** （2.82）	0.0436* （1.74）
C	–2.6125 （–1.32）	–10.7646** （–2.12）	–10.3301*** （–3.38）	–1.6261 （–0.66）
Wald chi2	29.16	24.61	15.56	6.49
P 值	0.0000	0.0002	0.0082	0.2618

注：括号内为 z 值，* 表示 P<0.1，** 表示 P<0.05，*** 表示 P<0.01。

根据表5–4中全国的回归结果来看，城镇化水平对农产品质量安全的影响呈正相关但并不显著，说明普通面板模型分析下城镇化对农产品质量安全并无显著影响。农业从业人员占所有从业人员之比的回归系数为0.2469，并在10%的显著性水平上通过检验，说明农业从业人员占比越高，农业劳动力的流失就越少，农产品质量安全水平就越高。城乡收入差距的回归系数为–0.5819，并在5%的显著性水平上通过检验，说明城乡收入差距与农产品质量安全水平呈负相关关系，进一步说明城乡发展差距越大，农产品质量安全水平越低。农产品生产者价格指数的回归系数为0.5919，并在1%的显著性水平上通过检验，说明农产品价格越高，农产品质量安全水平就越高。人均播种面积的回归系数为0.0629，并在1%的显著性水平上通过检验，说明人均播种面积与农产品质量安全水平呈正相关关系，即土地投入越多，农产品质量安全越有保障。

从东部地区的回归结果来看，其城镇化水平和农业从业人员占比的回归系数都为正数，但二者均不显著。城乡收入差距的回归系数为–1.1178，并在5%的显著性水平上通过检验；农产品生产者价格指数的回归系数为1.4623，并在1%的显著性水平上通过检验；人均播种面积的回归系数为0.1128，并在1%的显著性水平上通过检验。说明东部地区城乡收入差距、农产品价格和人均播种面积对农产品质量安全水平的影响与全国的结果一致。从中部地区的结果来看，其城镇化水平、农业从业人员占比、农产品生产者价格指数和人均播种面积的回归系数分别为1.4892、0.9976、0.8036和0.0371，且都通过显著性检验；城乡收入差距的回归系数为–0.1088，但并不显著。从西部地区的结果来看，其城镇化水平、农业从业人员占比、城乡收入差距和农产品生产者价格指数的回归系数分别为0.1146、–0.0493、–0.0686和0.2901，但都不显著；人均播种面积的回归系数为0.0436，并在10%的显著性水平上通过检验。

综上所述，从结果分析来看，运用普通面板模型实证分析农产品质量安全的宏观影响因素存在两方面的缺陷。一是全国与东中西部地区间的回归结果差异较大，五个指标的显著情况不尽相同，甚至对农产品质量安全水平的影响方向也有所不同。二是实证结果中出现了与理论分析相悖的情况。全国和东中西部地区城镇化水平和农产品生产者价格指数的回归系数均为正，说明城镇化水平和农产品价格越高，农产品质量安全水平就越高；再如西部地区农业从业人员的回归系数为负，说明农业从业人员越多，农产品质量安全水平则越低。这几处结果显然与第 4 章的理论模型分析结果不一致，也无法得到解释。究其原因，普通面板模型分析之所以存在以上缺陷，很可能是由于没有考虑到农产品质量安全及其影响因素指标的空间相关性。在忽略空间效应的情况下，运用普通面板模型对农产品质量安全水平宏观影响因素的实证检验很可能存在偏差，那么出现与理论分析相悖的情况也就不足为奇了。因此，我们接下来将运用空间面板模型对农产品质量安全水平的宏观影响因素进行检验。

5.4.2 空间面板模型分析

判断模型的适用性，是运用空间计量模型进行实证分析的前提和基础。参考 Elhorst（2014）判断模型适用性的做法，我们运用 LMlag、R-LMlag、LMerror、R-LMerror 等四个检验来判断模型是否存在空间自相关性，若上述指标均通过 5% 的显著性水平检验，则表明无空间交互效应的传统面板模型不适用，而应考虑空间面板模型。然后，为进一步从空间滞后模型（SLM）、空间误差模型（SEM）和空间杜宾模型（SDM）中甄选出准确的实证模型，我们可运用 Wald 检验和 LR 检验，然后根据 $H_0:\gamma=0$ 和 $H_0:\gamma+\delta\beta=0$ 两个原假设来判断 SDM 模型是否能简化为 SLM 模型和 SEM 模型，最终对三个模型的优越性进行判别。

由表 5-5 可以看出，在相邻权重和经济距离权重下，LM lag 及其稳健性检验均通过 5% 的显著性水平检验，因此我们应拒绝因变量不存在空间滞后项的原假设；LM error 的稳健性检验显著，拒绝原假设，则表明存在空间误差效应。因此，传统面板模型不适用，这也正是上一小节中传统面板模型实证结果存在缺陷的原因所在。进一步，从弱化性检验来看，LR lag、LR error 检验和 Wald 检验在 1% 的显著性水平上，分别拒绝了 $H_0:\gamma=0$ 和 $H_0:\gamma+\delta\beta=0$ 的原假设，即拒绝了 SDM 模型可以弱化 SLM 模型及 SEM 模型的假设。因此，我们最终确定采用空间杜宾模型（SDM）进行实证估计，下面将主要报告这一模型的估计结果。

表 5-5 空间面板模型的检验

相关检验	邻接距离权重（W1）	经济距离权重（W2）
LM lag	6.0428**	41.3319***
R-LM lag	12.4492***	147.0736***
LM error	0.8310	1.8756
R-LM error	7.2374***	107.6173***
Wald test spatial lag	148.5976***	190.8852***
Wald test spatial error	149.4898***	186.6683***
LR test spatial lag	32.12***	26.84***
LR test spatial error	29.57***	26.33***

注：* 表示 P<0.1，** 表示 P<0.05，*** 表示 P<0.01。

根据表 5-5 相关检验的结果，本研究将运用空间杜宾模型（SDM）进一步考察中国农产品质量安全的主要宏观影响因素。根据 Hausman 检验的结果，应选择固定效应模型。与此同时，我们分别采用邻接距离权重和经济距离权重对 SDM 模型进行估计，结果如表 5-6 所示。

结合上文的空间相关性检验结果，由于经济距离权重（W2）下农产品质量安全及其影响因素指标的空间相关性不显著，因此经济距离权重下 SDM 模型的估计结果可能存在偏差，从而导致估计结果与基础理论分析相悖，这一点可进一步从表 5-6 经济距离权重的估计结果中得到证实。因此，我们接下来主要对邻接距离权重（W1）下 SDM 模型的估计结果进行分析。

表 5-6　空间杜宾模型的估计结果

变量	邻接距离权重（W1）	经济距离权重（W2）
URBAN	-0.4674** （-2.38）	0.5102 （1.20）
LABOR	0.4942*** （3.26）	0.5305** （2.50）
GAP	-0.7728*** （-3.19）	-0.7611*** （-3.14）
PPI	-0.0416 （-0.12）	-0.1231 （-0.44）
SOW	0.1043** （2.24）	0.1162*** （2.68）
W.URBAN	1.6852*** （3.10）	-0.2295 （-0.32）
W.LABOR	-0.8556** （-2.55）	-1.0028*** （-3.11）
W.GAP	1.9315*** （5.06）	1.639*** （3.66）
W.PPI	0.7921** （1.97）	0.9807*** （2.94）
W.SOW	-0.0204 （-0.28）	0.1941 （1.23）
ρ	0.1647**	0.0905
$Sigma^2$	0.0279***	0.0288***
Log-likelihood	109.9363	105.8503
AIC	-195.8725	-187.7005
BIC	-151.4271	-143.2551

注：括号内为 z 值，* 表示 P<0.1，** 表示 P<0.05，*** 表示 P<0.01。

实证结果表明，城镇化水平（URBAN）的回归系数为 -0.4674，在 5% 的显著水平上通过检验，说明城镇化水平越高，农产品质量安全水平就越低，这与理论模型的分析是一致的。其原因一方面在于城镇化进程中工业的快速发展加剧了土壤污染和水污染，从生产环境上影响了农产品质量安全；另一方面在于城镇化使得大量农村青壮年劳动力涌向城市务工，降低了农业生产劳动力的数量和质量。农业从业人员占比（LABOR）的回归系数为 0.4942，并在 1% 的显著水平上通过检验，说明农业从业人员的比例越高，农业劳动力未大规模向城市地区和工业转移，农业生产过程中过度施用农药、化肥和农膜的可能性越小，农产品质量安全水平就越高，与理论模型的分析也是一致的。城乡收入差距（GAP）的回归系数为 –0.7728，在 1% 的显著水平上通过检验，说明城乡收入差距越大，在农村的农业生产者的相对收入越低，则其铤而走险选择生产“问题农产品”的可能性就越大，农产品质量安全水平就越低。农产品生产者价格指数（PPI）的回归系数为 –0.0416，说明价格越高会导致农产品质量安全水平越低，但并不显著，可能原因在于农业生产具有滞后性，市场经济下生产者对农产品价格的预期具有不确定性。人均播种面积（SOW）的回归系数为 0.1043，在 5% 的显著水平上通过检验，说明在农业生产过程中土地越宽裕、投入量越多，过度施用农药、化肥和农膜的可能性越小，农产品质量安全水平越高。

W.URBAN 的回归系数为 1.6852，并在 1% 的显著水平上通过检验，说明本地区的城镇化水平越高，周边地区农产品质量安全水平就会越高。可能的原因是，本地区城镇化水平越高，人口和工业的集聚度就越高，会对周边地区产生辐射效应，因此周边地区的农业生产环境相对较好，农业生产所需的土地和劳动力资源相对充裕，农产品质量安全水平比较高。W.LABOR 的回归系数为 –0.8556，在 5% 的显著水平上通过检验，说明本地区农业从业人员的增多，会降低周边地区农产品质量安全水平。可能的原因是，本地区农业从业人员多，农业资源禀赋较好，相关配套设施也较完善，因此会产生“虹吸效应”，将周边地区的农业劳动力吸引过来，从而导致周边地区农业资源要素的流失，增加农产品质量安全的隐患。W.GAP 的回归系数为 1.9315，并在 1% 的显著水平上通过检验，说明本地区城乡收入差距与周边地区农产品质量安全水平呈正相关关系，其原因在于城乡收入差距大会导致本地区农业劳动力从事农业生产的动力不足，从而向周边地区尤其是那些城乡二元统筹发展、农村农业发展潜力较好的地区流动，以寻求更高的生产回报和更好的生活条件，而周边地区也会因为农业劳动力的流入使农业从业人员增加，进而提高农产品质量安全水平。W.PPI 的回归系数为 0.7921，且在 5% 的显著水平上通过检验，说明本地区农产品价格提高会改善相邻地区的农产品质量安全，其原因在于本地区的农产品价格高是相对邻近地区而言的，邻近地区的农产品价格相对较低，则会弱化相邻地区农业生产者的趋利动机，降低相邻地区农产品的质量风险。W.SOW 的回归系数为 -0.0204，说明本地区人均播种面积与周边地区农产品质量安全水平呈负相关关系，其原因在于本地区的农村土地投入相对较多是与邻近地区比较而言，邻近地区的农村土地投入相对较少，则相邻地区农药和化肥的施用量会相对增加。由于 W.SOW 的回归系数没有通过显著性检验，因此这种效应是不显著的。ρ 值为 0.1647，且在 5% 的显著水平上通过检验，表明农产品质量安全存在显著的空间溢出效应，即本地区农产品质量安全水平的提高会促进相邻地区农产品质量安全水平的提高。

5.4.3 空间效应分解

为进一步分析变量相互间的影响效应，我们借鉴 LeSage 和 Pace（2009）的空间偏微分方法，将各因素对农产品质量安全水平的影响进行分解，分解后的效应包括直接效应、间接效应和总效应。

直接溢出效应衡量的是本地区影响因素对本地区农产品质量安全水平的总影响，既包括本地区影响因素对本区域农产品质量安全水平的直接影响，也包括反馈效应，即本地区影响因素通过空间滞后项叠加作用于其他地区的农产品质量安全水平，而其他地区的农产品质量安全水平再作用于本地区农产品质量安全水平的影响力。间接溢出效应是指其他地区影响因素对本地区农产品质量安全水平的总影响，包括其他地区影响因素对本地区农产品质量安全水平的直接影响力，也包括其他地区影响因素通过空间滞后作用（其他地区农产品质量安全水平）传导到本地区农产品质量安全水平上的间接效应。

直接溢出效应与间接溢出效应相加可得到总溢出效应，即空间作用下各影响因素对农产品质量安全水平影响力的加总。这一方法能对空间计量下空间单元间的交互作用进行更好的描述。本研究以空间杜宾模型（SDM）为例，通过以下公式和步骤对农产品质量安全水平的溢出效应及相关参数进行分解：

$$y = \lambda Wy + X\beta + \varepsilon \tag{5.10}$$

式中，y为农产品质量安全水平，W表征各省市空间关系的权重矩阵，X为农产品质量安全的影响因素。进一步将式5.10变形为：

$$Ay = (I - \lambda W)y = X\beta + \varepsilon \tag{5.11}$$

$$y = (I - \lambda W)^{-1} X\beta + (I - \lambda W)^{-1}\varepsilon \tag{5.12}$$

将公式5.13和公式5.14带入公式5.12中，通过整合计算我们可进一步可得公式5.15：

$$x_r = (x_{1r}\, x_{2r} \cdots x_{nr})' \tag{5.13}$$

$$X\beta = (x_1 \cdots x_k)(\beta_1 \cdots \beta_k)' = \sum_{r=1}^{k} \beta_r x_r \tag{5.14}$$

$$y = \sum_{r}^{k} \beta_r (I - \lambda W)^{-1} x_r + (I - \lambda W)^{-1}\varepsilon = \sum_{r=1}^{k} S_r(W) x_r + (I - \lambda W)^{-1}\varepsilon$$
$$Sr(W) = \beta r (I - \lambda W)^{-1} \tag{5.15}$$

式中，k为解释变量的个数，n为空间单元个数，即30个省市，r为某个解释变量，I_n 表示 n 阶单位矩阵，X 为 $n\times k$ 矩阵，进一步对式 5.15 展开可得：

$$\begin{pmatrix} y_1 \\ y_2 \\ \vdots \\ y_n \end{pmatrix} = \begin{pmatrix} S_r(W)_{11} & S_r(W)_{12} & \cdots & S_r(W)_{1n} \\ S_r(W)_{21} & S_r(W)_{22} & \cdots & S_r(W)_{2n} \\ \vdots & \vdots & \vdots & \vdots \\ S_r(W)_{n1} & S_r(W)_{n2} & \cdots & S_r(W)_{nn} \end{pmatrix} \begin{pmatrix} x_{1r} \\ x_{2r} \\ \vdots \\ x_{nr} \end{pmatrix} + (I-\lambda W)^{-1}\varepsilon \quad (5.16)$$

$$\frac{\partial y_i}{\partial x_{jr}} = S_r(W)_{ij}\ ;\ \frac{\partial y_i}{\partial x_{ir}} = S_r(W)_{ii} \quad (5.17)$$

矩阵 $S_r(W)$ 的元素 $S_r(W)_{ij}$，表示地区 j 的某个影响因素 X_{jr} 对选定地区 i 的农产品质量安全水平的影响。当 $i=j$ 时，主对角线上元素 $S_r(W)_{ij}$ 表征地区 i 的变量 X_{ij} 对本地区农产品质量安全水平的直接影响，矩阵 $S_r(W)$ 主对角元素之和为影响因素 X_r 对农产品质量安全水平的直接溢出效应；当 $i\neq j$ 时，元素 $S_r(W)_{ij}$ 表示间接溢出效应，主对角线以外的元素之和表示影响因素 X_r 对农产品质量安全水平的间接溢出效应；矩阵 $S_r(W)$ 的第 i 行元素之和，即 $\sum_{j=1}^{n} S_r(W)_{ij}$，表示地区 i 的影响因素 X_r 对农产品质量安全水平的总效应，矩阵所有元素之和表示影响因素 X_r 对农产品质量安全水平的总溢出效应。

表 5-7　农产品质量安全影响因素的空间效应分解

变量	直接效应	间接效应	总效应
URBAN	−0.3889 （−0.98）	1.8910*** （3.20）	1.5021*** （2.77）
LABOR	0.6569*** （3.27）	−0.8414** （−2.34）	−0.1845 （−0.57）
GAP	−0.6746*** （−2.89）	2.0911*** （4.83）	1.4165*** （2.90）
PPI	−0.0130 （−0.04）	0.9306** （2.37）	0.9176*** （3.99）
SOW	0.1038** （2.36）	−0.0012 （−0.02）	0.1026 （1.36）

注：括号内为 z 值，* 表示 P<0.1，** 表示 P<0.05，*** 表示 P<0.01。

如表 5-7 所示，基于邻接距离权重（W1）下 SDM 模型的回归结果，进一步计算得到各因素对农产品质量安全水平影响效应的分解结果。城镇化（URBAN）的直接效应为 -0.1374，但不显著，说明本地区城镇化对农产品质量安全水平的影响不显著；城镇化的间接效应为 1.8910，且在 1% 的水平上显著，说明其他地区城镇化水平对本地区农产品质量安全具有促进作用。此外，城镇化的间接效应大于直接效应，两个效应相加得到总效应为 1.5021，并在 1% 的显著水平上通过检验，表明城镇化的总效应为正，对农产品质量安全水平起促进作用。农业从业人员占比（LABOR）的直接效应为 0.6569，并在 1% 的显著水平上通过检验，说明本地区农业从业人员占比越高越会对农产品质量安全水平产生促进作用；农业从业人员占比的间接效应为 -0.8414，在 5% 的显著水平上通过检验，表明其他地区农业从业人员占比过高会抑制本地区农产品质量安全水平。农业从业人员占比间接效应的抑制作用超过了直接效应的促进作用，二者相加得到总效应为 -0.1845，但总效应并不显著。城乡收入差距（GAP）的直接效应为 -0.6746，在 1% 的显著水平上通过检验，表明本地区城乡收入差距对农产品质量安全水平起抑制作用；城乡收入差距的间接效应为 2.0911，也在 1% 的显著水平上通过检验，说明其他地区城乡收入差距对本地区农产品质量安全水平有促进作用。二者相加得到总效应为 1.4156，且在 1% 的水平上显著，即空间作用下城乡收入差距对农产品质量安全的总效应显著为正。农产品生产者价格指数（PPI）的直接效应为 -0.0130，说明本地区农产品价格对农产品质量安全起负向作用，但这一效应并不显著；农产品生产者价格指数的间接效应为 0.9306，且在 5% 的显著水平上通过检验，说明其他地区的农产品价格对本地区农产品质量安全水平起正向影响。农产品生产者价格指数的总效应为 0.9176，且在 5% 的水平上显著，说明空间作用下农产品价格对农产品质量安全水平的总效应为正向显著。人均播种面积（SOW）的直接效应为 0.1038，在 5% 的显著水平上通过检验，表明本地区农业土地投入的增加对农产品质量安全水平起促进作用；其间接效应为 -0.0012，说明其他地区的农业土地投入对本地区农产品质量安全起抑制作用，但这种作用并不显著。人均播种面积的总效应为 0.1026，但系数并不显著。

5.5 本章小结

本章回顾了国内外关于农产品质量安全影响因素的相关研究，在第 4 章理论分析的基础上，从城镇化、农村劳动力转移、城乡发展差距、农产品价格波动、农业土地投入几个主要影响因素着手，建立了普通面板模型和空间面板模型，进一步选择相应指标，并在邻接距离权重和经济距离权重下对 2008–2017 年相关变量进行了空间相关性检验，然后从普通面板模型到空间 Durbin 模型对中国农产品质量安全水平的宏观影响因素进行了实证检验和比较分析，最后对各影响因素的空间效应进行了分解。

（1）邻接距离权重下，2008–2017 年农产品质量安全水平及其影响因素指标空间相关性显著。邻接距离权重下，历年农产品质量安全水平均通过了显著性检验，且农产品质量安全水平的全局莫兰指数都显著为正，表明中国各省份农产品质量安全水平存在明显的空间相关性。此外，所有年份的城镇化水平、农业从业人员占比、城乡收入差距、农产品生产者价格指数和人均播种面积的全局莫兰指数也都在 1%、5% 和 10% 的显著性水平下为正值，表明上述农产品质量安全水平的宏观影响因素均存在明显的空间相关性。而经济距离权重下，农产品质量安全水平只有 2008 年和 2010 年通过了显著性检验，而其余年份不存在显著的空间相关性。此外，经济距离权重下，城镇化水平、农业从业人员占比、城乡收入差距、农产品生产者价格指数和人均播种面积等农产品质量安全宏观影响因素也未完全通过显著性检验。

（2）实证结果显示，影响中国农产品质量安全的主要因素有城镇化、农业从业人员、城乡收入差距、农产品价格和农业土地投入。从空间 Durbin 模型的估计结果来看，城镇化水平（URBAN）的回归系数为 –0.4674，在 5% 的显著水平上通过检验，说明城镇化水平越高，农产品质量安全水平就越低，这与理论模型的分析是一致的。农业从业人员占比（LABOR）的回归系数为 0.4942，并在 1% 的显著水平上通过检验，说明农业从业人员的比例越高，农业劳动力未大规模向城市地区和工业转移，农业生产过程中过度施用农药、化肥和农膜的可能性越小，农产品质量安全水平就越高，与理论模型的分析也是一致的。城乡收入差距（GAP）的回归系数为 –0.7728，在 1% 的显著水平上通过检验，说明城乡收入差距越大，在农村的农业生产者的相对收入越低，则其铤而走险选择生产“问题农产品”的可能性就越大，农产品质量安全水平就越低。农产品生产者价格指数（PPI）的回归系数为 –0.0416，说明价格越高会导致农产品质量安全水平越低，但并不显著。人均播种面积（SOW）的回归系数为 0.1043，在 5% 的显著水平上通过检验，说明在农业生产过程中土地相对宽裕、投入量越多，过度施用农药、化肥和农膜的可能性越小，农产品质量安全水平越高。

（3）中国农产品质量安全具有空间关联特征，各地区农产品质量安全水平存在显著的空间溢出效应。从空间 Durbin 模型的估计结果来看，W.URBAN 的回归系数为 1.6852，并在 1% 的显著水平上通过检验，说明本地区的城镇化水平会对周边地区农产品质量安全产生正向效应。W.LABOR 的回归系数 –0.8556，在 5% 的显著水平上通过检验，说明本地区农业从业人员的增多，会降低周边地区农产品质量安全水平。W.GAP 的回归系数为 1.9315，并在 1% 的显著水平上通过检验，说明本地区城乡收入差距与周边地区农产品质量安全水平呈正相关关系。W.PPI 的回归系数为 0.7921，且在 5% 的显著水平上通过检验，说明农产品价格具有正向的空间效应，即本地区农产品价格提高会改善相邻地区的农产品质量安全。W.SOW 的回归系数为 –0.0204，说明本地区人均播种面积与周边地区农产品质量安全水平呈负相关关系，由于 W.SOW 的回归系数没有通过显著性检验，因此这种效应是不显著的。ρ 值为 0.1647，且在 5% 的显著水平上通过检验，表明农产品质量安全存在显著的空间溢出效应。从空间效应的分解结果来看，城镇化具有显著的间接效应和总效应，且总效应为正；农业从业人员占比的直接效应和间接效应都显著，总效应为负但不显著；城乡收入差距的直接效应和间接效应都显著，总效应显著且为正；农产品生产者价格指数的直接效应为负但不显著，间接效应和总效应显著且均为正；人均播种面积的直接效应为正并且显著，但间接效应为负且不显著，其总效应为正但不显著。

第 6 章　中国农产品质量安全宏观影响因素的进一步检验：基于县域层面

县域不仅是农产品生产的源头，也是农产品质量安全监管的前沿。中国农产品质量安全治理的关键在基层，重点则在县域，县域农产品质量安全水平和治理能力密切关系到整个国家的农产品质量安全水平及其治理。本章基于“国家农产品质量安全县”创建的视角，运用 Probit 二元选择模型从县域层面上对中国农产品质量安全的宏观影响因素作进一步实证检验，以期为新时代下中国农产品质量安全的宏观防控和源头治理政策提供更加有力的支撑和依据。

6.1 背景介绍

6.1.1 县域农产品质量安全治理意义重大

自秦朝开始，县域便成了中国经济社会中不可或缺的一个部分，县域经济的发展与衰败关系着朝代的兴衰与更迭。新中国成立以来，中国县域经济得到了极大的解放和发展，这得益于 20 世纪 50 年代的“土地改革”和 80 年代推行的“家庭联产承包责任制”。党的十八大以来，习近平总书记高度重视县域经济发展和县域治理。2014 年 3 月，习近平总书记在调研指导河南省兰考县时对县域治理提出了“三个起来”的要求，把强县和富民统一起来，把改革和发展结合起来，把城镇和乡村贯通起来[①]。

农产品质量安全问题关系重大，涉及人民群众生命健康安全、“三农”发展和乡村振兴等多个方面，是当前中国县域治理的重要内容之一。农产

① 资料来自光明网：http：//theory.gmw.cn/.

品质量安全必须从基层抓起，县域是重中之重（李庆江等，2018）。推动县域农产品质量安全的治理，已是全面提升中国农产品质量安全水平的必然选择。一是因为县域是农产品生产的源头。中国的农业生产往往以县域作为一个单元，这也正是"粮食大县""蔬菜大县""水果大县"等称号的来源，所以农产品质量安全治理的源头在县域。二是因为县域也是农产品质量安全监管的前沿。县域作为城乡接合部，既是农产品的产地，又是农产品的消费地，同时也是农产品向外流通的中转地，农产品质量安全监管必须从县域抓起。

6.1.2 "国家农产品质量安全县"应运而生

习近平总书记提出县域治理"三个起来"的要求，为中国县域农产品质量安全的治理指引了方向。在此背景下，2014 年农业农村部在国务院食品安全委员会的统一部署下启动了"国家农产品质量安全县"创建活动。其创建目的在于两个方面：一是进一步落实基层政府农产品质量安全属地管理责任；二是探索建立有效的监管模式并发挥以点带面的作用，以提升整体的农产品质量安全监管能力和水平。创建内容主要包括两个方面：一是围绕监管体系建设、标准化生产、投入品监管、打击违法违规行为等多个方面来开展工作；二是突出责任落实、全程监管、能力提升和社会共治。此外，"国家农产品质量安全县"创建有着独特的制度安排。一是三级联动的创建命名机制，即以县（区、县级市）为创建单位，采取"县创→省评→农业农村部公布征询意见并命名"的流程机制。二是科学完善的考核评价体系，"国家农产品质量安全县"创建考核评价包括质量安全水平、工作开展和群众满意度三个部分，设置检查要点 53 个，关键项 18 个，每个检查要点的分值与重要性成正比。三是采取能进能出的动态监管制度，"国家农产品质量安全县"实行定期考核、动态管理，对考核不达标或出现问题的单位执行退出机制。四是"国家农产品质量安全县"的创建工作由县级政府主导推进，要发挥和调动县级政府的主动性和积极性，形成多部门合力推进农产品质量安全治理相关工作的氛围。五是实行全程监管和社会共治的创建理念，即实现农产品质量安全治理的全链条监管和全社会参与。

6.2 中国县域农产品质量安全的现状分析——基于“国家农产品质量安全县”创建的视角

6.2.1 “国家农产品质量安全县”创建的进展历程

（1）2014–2016 年萌芽阶段。2014 年 11 月，在农质发〔2014〕15 号文件中，农业部同时下发了《国家农产品质量安全县创建活动方案》和《国家农产品质量安全县考核办法》，按下了中国“国家农产品质量安全县”创建工作的启动键。2015 年 7 月，农业部拉开了“国家农产品质量安全县”创建的帷幕，正式公布首批国家农产品质量安全县（市）创建试点单位名单。根据内容可知，首批国家农产品质量安全县（市）创建试点单位共 107 个，其中包括房山区等 103 个县和威海市等 4 个市，这些试点单位的认定历经了三个阶段：第一阶段为各地区根据《国家农产品质量安全县创建活动方案》和《国家农产品质量安全县考核办法》的要求积极开展创建活动；第二阶段为“严格考评→征询意见→公开公示”的考核流程；第三阶段为农业部第 6 次常务会议的审议。2016 年 12 月，农业部对首批 107 个“国家农产品质量安全县（市）”创建试点单位进行正式命名。农业部还对下一阶段的相关工作进行了部署：一是在巩固创建成果的基础上，把农产品质量安全县打造成“标准化生产、全程监管、体系建设、社会共治”的样板区，对好经验、好做法进行总结和推广；二是扩大创建范围，争取在“十三五”末将我国所有“菜篮子”产品主产县覆盖。“国家农产品质量安全县”创建工作的开展和推进，对中国农产品质量安全问题的治理意义重大。

（2）2017 年至今快速发展阶段。2017 年 3 月，农业部公布了第二批“国家农产品质量安全县（市）”创建试点单位的名单。农质发〔2017〕3 号文件中指出，经过省级农业行政主管部门遴选推荐和农业部公开征询意见等流程，第二批“国家农产品质量安全县（市）”创建试点单位共 215 个，其中包括大兴区等 204 个县和唐山市等 11 个市。农业部对所有创建试点县（市）有两个方面的要求：一是继续加大创建力度和落实属地管理责任，探索建立行之有效的农产品质量安全监管模式；二是努力打造“标准化生产、全程监管、监管体系建设、社会共治”的样板区，示范带动地方农产品质量安全监管能力和水平的全面提升。经过两年创建和考核验收，2019 年 11 月，农业农村部宣布，北京市大兴区等 200 个质量安全县创建单位和河北省唐山市等 11 个质量安全市创建单位达到了创建标准，通过了考核验收。截至目前，中国“国家农产品质量安全县”总数达 303 个，“国家农产品质量安全市”共计 15 个，农产品质量安全县（市）的创建从萌芽阶段到了快速发展阶段。

6.2.2 “国家农产品质量安全县”创建的经验总结

（1）成效逐渐凸显。自 2014 年以来，各级农业行政主管部门积极开展“国家农产品质量安全县（市）”创建工作，通过积极落实属地管理责任、创新相关体制机制、加大投入力度、推进农业生产标准化和监管法制化等多个举措，农产品质量安全工作取得了全面且显著的成效。主要体现在五个方面：一是农产品质量安全水平得到了显著提高。截至 2018 年，第一批农产品质量安全县创建后的农产品质量安全检测合格率平均高达 99.33%，较创建前的 97.16% 提高了不少。二是农产品质量安全的属地管理责任得到了有效落实，这一点反映在县级政府绩效考核体系中为，农产品质量安全工作占比从创建前平均 2.54% 提高到创建后 5.86%。三是基层监管体系逐渐完善，农产品质量安全基层监管能力进一步增强。截至2018年，第一批农产品质量安全县的创建使其县乡村三级监管人员平均增加194人，增幅达80%，各县平均监管人员达到了435人。四是农产品质量安全全链条管理机制进一步得到完善，这得益于创建过程中，各级政府狠抓源头治理，推广农业标准化生产及相关技术的指导和服务，加强对农产品质量安全隐患的排查、监管和打击力度。五是促进了社会共治格局的逐渐形成。农产品质量安全县创建过程中政府部分加大了对农产品质量安全的宣传，定期进行社会公示、征求民意，鼓励媒体、群众进行监督举报，调动全社会参与农产品质量安全监督的积极性，加速了社会共治良好格局的形成。

（2）问题仍然存在。一是部门协作发挥不充分。农产品质量安全县的创建是一个系统工程，不仅要求以县为单位整体系统推进，还涉及农产品生产的各个环节，工作牵扯面广，涉及多个利益主体，所以农产品质量安全县的创建不仅仅只是农业部门的职责。但就现实来看，一些地方农产品质量安全县创建过程中仍存在上述问题，部门之间合作协作机制不健全，农业部门单打独斗，给创建工作增加了难度，甚至在一定程度上削弱了农产品质量安全县创建后的辐射带动作用。二是社会共治合力力度还不够。就各地区“国家农产品质量安全县”创建的实践来看，当前农产品质量安全治理大多是政府部门大包大揽，成了政府部门的“独角戏”，人民群众、社会企业等对农产品质量安全治理的了解不足，甚至缺乏参与和反映的渠道。要真正实现农产品质量安全治理能力的长期性和可持续性，光依靠政府部门是不够的，还要不断优化农产品质量安全治理主体格局，鼓励和支持社会各界积极参与其中，实现共享共治的良好格局。三是整体创新性不足。因地制宜本就是“国家农产品质量安全县”创建的一个要求，中国幅员辽阔，县域众多，地区之间资源禀赋各不相同，实际情况差异较大。各地区农产品质量安全县的创建应抓住乡村振兴、质量兴农等战略契机，同时也要根据地区实际情况来制定相关政策措施，形成独具特色的创建模式。但从整体实际情况来看，中国农产品质量安全县的创建特色不够鲜明，管理模式千篇一律，解决实际问题的针对性和创造性稍显不足。

6.2.3 中国县域农产品质量安全的现状及区域差异

自 2014 年来，“国家农产品质量安全县”的创建成为了中国农产品质量安全治理的重要举措，农产品质量安全县的创建提高了县域农产品质量安全水平和监管能力，对地区、国家农产品质量安全的长久治理来说意义重大。因此，我们将用各地区“国家农产品质量安全县”创建的数量和比例来衡量其各地区县域农产品质量安全的情况。

（1）中国县域农产品质量安全水平不断提升，但省际间差异较大。从表 6–1 可知，从 2015 年到 2019 年，各地区“国家农产品质量安全县”创建的数量均呈稳定增长的趋势。其中，在第一批“国家农产品质量安全县”中，山东的创建数量为 6 个，在所有地区中位居第一；其次是安徽、湖北和辽宁，创建数量均为 5 个；数量最少的地区为西藏，其质量安全县只有 1 个。在第二批中，数量最多的仍是山东，为 12 个；其次是四川的 11 个，河北、辽宁和湖北均为 10 个。从“国家农产品质量安全县”的总数来看，山东以 18 个的数量位居第一，辽宁、湖北和四川并列第二，均为 15 个，数量超过 10 个的省份达 15 个。进一步从农产品质量安全县的创建比例来看，北京、天津和上海均为 25%，并列第一；西藏的创建比例仅为 4.05%，处于最后一位。此外，创建比例在 10% 以下的省份多达 15 个。说明由于资源禀赋、地理位置、农业发展水平、农产品质量安全重视程度等多种因素，我国省际间“国家农产品质量安全县”创建的情况参差不齐，县域农产品质量安全水平的省际差异比较大、发展不平衡，县域农产品质量安全的整体水平还有待进一步提升。

表 6-1 各地区“国家农产品质量安全县”创建情况

地区	第一批创建数量（个）	第二批创建数量（个）	合计（个）	创建比例
北京	2	2	4	25.00%
天津	2	2	4	25.00%
河北	4	10	14	8.33%
山西	3	6	9	7.69%
内蒙古	3	6	9	8.74%
辽宁	5	10	15	15.00%
吉林	3	6	9	15.00%
黑龙江	3	8	11	8.59%
上海	2	2	4	25.00%
江苏	4	9	13	13.54%
浙江	5	9	14	15.73%
安徽	5	9	14	13.33%
福建	4	8	12	14.12%
江西	3	6	9	9.00%
山东	6	12	18	13.14%
河南	4	9	13	8.23%
湖北	5	10	15	14.56%
湖南	4	9	13	10.66%
广东	4	8	12	9.84%
广西	3	7	10	9.01%
海南	2	2	4	17.39%
重庆	3	4	7	18.42%
四川	4	11	15	8.20%
贵州	3	6	9	10.23%
云南	3	7	10	7.75%
西藏	1	2	3	4.05%
陕西	3	6	9	8.41%
甘肃	2	4	6	6.98%
青海	2	2	4	9.09%
宁夏	2	3	5	22.73%
新疆	4	5	9	8.57%

数据来源：根据农业农村部公布的资料计算整理所得

（2）三大地区间“国家农产品质量安全县”非均衡发展，中国县域农产品质量安全治理任重而道远。参见章节 3.4.3 的内容，依然根据国家统计局的标准将中国 31 个省级行政单位划分成三个区域，东部地区、中部地区、西部地区的省份个数分别为 11 个、8 个和 12 个。从表 6–2 可知，中国三大地区间“国家农产品质量安全县”的创建情况存在明显的区域差异。从各地区农产品质量安全县的总数来看，东部地区的农产品质量安全县数量为 114 个，占全国总数的 37.62%，西部地区和中部地区的农产品质量安全县数量分别为 93 个和 96 个，分别占全国的 30.70% 和 31.68%。从各地区农产品质量安全县的创建比例来看，三个地区中最高的是东部地区的 13.13%，其次是中部地区的 10.41%，最后是西部地区的 8.81%。三个地区中只有东部地区的创建比例超过了全国 10.63% 的水平，中部地区的创建比例略低于全国水平，而西部地区的创建比例远远低于全国水平，与中部地区和东部地区的差距十分明显。这也进一步说明，与东部地区相比，我国中部地区和西部地区的县域农产品质量安全治理形势更加复杂和严峻，尤其是西部地区，农产品质量安全县创建比例较低，经济社会发展水平比较落后，在资源和生态环境的双重制约下必须重视县域农产品质量安全治理的顶层设计，以促进中国农产品质量安全基层治理能力的提升。

表 6–2　三大区域“国家农产品质量安全县”创建情况比较

地区	第一批创建数量（个）	第二批创建数量（个）	合计（个）	创建比例
东部地区	40	74	114	13.13%
中部地区	30	63	93	10.41%
西部地区	33	63	96	8.81%
全国	103	200	303	10.63%

数据来源：根据农业农村部公布的资料计算整理所得

6.3 实证研究设计

6.3.1 研究方法

实证研究中方法的选择至关重要，方法选择的一个重要依据就是考虑变量的特征。根据上文的分析，本研究运用“国家农产品质量安全县”的创建来衡量县域农产品质量安全水平，即将县级行政单位是否为“国家农产品质量安全县”作为因变量，该因变量在是国家农产品质量安全县的情况下为 1，相反则为 0。显然，这是一个二元选择问题，可选择 Probit 模型来进行实证分析。

Probit 模型是一种服从正态分布的非线性模型，也可以说其是广义的线性模型。其公式为：

$$P(Y_i = 1 \mid X_i) = \Phi(X_i^{'}\beta) = \int_{-\infty}^{X_i^{'}} \frac{1}{\sqrt{2\pi}} \exp(-\frac{z^2}{2})dz \qquad (6.1)$$

式中，$\Phi(X_i^{'}\beta)$ 会将概率取值限定在 0 和 1 之间，此时式（6.1）的概率模型为 Probit 模型。Probit 模型最初用于统计处理生物实验的结果，后来随着计量经济学的发展，Probit 模型被广泛应用于统计学、经济学、社会学等学科领域的研究中，成为了使用最广泛的模型之一。实证分析中，在因变量为分类变量的情况下可以选择线性概率模型（LPM）、Logistic 模型、对数线性模型和 Probit 模型这四个常用的模型。Probit 模型也分为二分类、有序多分类和无序多分类等几个回归模型，考虑到我们在本章节实证中所选择的因变量是一个典型的二分类因变量，故选取 Probit 二元选择模型来进行相关的实证分析。

6.3.2 变量选取

根据第 4 章农产品质量安全水平宏观影响因素的理论分析，经济社会转型背景下中国农产品质量安全水平的宏观影响因素主要有城镇化、农业劳动力、城乡发展差距、农产品价格波动和农业土地投入。第 5 章我们已基于省域层面从空间关联视角对农产品质量安全的影响因素进行了实证检验，为了从县域层面对农产品质量安全的宏观影响因素作进一步的检验，基于变量选择的可行性和县域数据的可得性，对变量的选择及定义如下：

（1）被解释变量的指标选取。实证分析农产品质量安全的影响因素，关键在于选择农产品质量安全水平的度量指标，这也是难点。第 5 章中省域农产品质量安全水平的度量指标选取的是第 3 章中所测度的结果，本章中将以县级行政区划是否为“国家农产品质量安全县”来代表县域农产品质量安全水平（QF）的高低。被命名为“国家农产品质量安全县”的取值为 1，反之则为 0。

（2）解释变量的选取及定义。因为本章是从县域层面对中国农产品质量安全宏观影响因素的进一步检验，所以在影响因素的选择上要尽量与理论分析部分和省域层面的实证分析保持一致，仍然从城镇化、农业劳动力流动、城乡发展差距、农产品价格和农业土地投入几个方面来选取具体指标。但由于县域数据的统计特点，部分指标的选择也必然有所不同，具体情况如下：

城镇人口与总人口之比（URBAN）：与前面一章相同，我们用这一指标来衡量城镇化率，用来反映县域地区的城镇化水平。

农业从业人员占比（LABOR）：用农业从业人员与全部从业人员之比计算所得，用来衡量农业劳动力的投入情况，以反映县域地区农业劳动力的流动情况。

城乡收入差距（GAP）：通过城镇居民人均可支配收入除以农村居民人均可支配收入计算所得，即用城乡收入差距来反映县域地区城乡发展差距。

人均机收面积（REAP）：用来衡量县域地区农业土地的投入情况，计算方式为地区机收面积与地区年末常住人口之比。这是因为县域播种面积的数据未统计，故用人均机收面积代替人均播种面积来反映县域农业土地投入情况。

人均地区生产总值（GDP）：即人均 GDP，用来反映县域地区的经济发展水平。虽然中国县域地区的农产品生产者价格指数尚未统计，但农产品价格往往与地区消费水平密切相关，而消费水平又主要受地区经济发展水平的制约。基于此，我们在本章中引入县域地区人均地区生产总值（GDP），以考察县域地区经济发展程度对农产品质量安全水平的影响。

6.3.3 样本选择与数据来源

本章以县域为研究单位，根据变量指标的数据可得性，在剔除数据缺失的县域后，最终选取了 1193 个样本县，包括 152 个“国家农产品质量安全县”和 1041 个非“国家农产品质量安全县”。数据区间为 2017 年，“国家农产品质量安全县”的个数是根据 2016 年第一批正式命名的单位数量和 2017 年第二批创建试点的单位数量整理加总所得。数据来源方面，“国家农产品质量安全县”的数据来自农业农村部官方网站（http：//www.moa.gov.cn/）发布的相关公告，各解释变量及其计算所需的相关数据来自 2018 年《中国县域统计年鉴（县市卷）》《中国农村统计年鉴》、各地区统计年鉴以及相关地级市统计年鉴。最终，各指标数据的描述性统计如表 6–3 所示。

表 6–3　变量的描述性统计

变量名称	变量说明	观测值	均值	标准差
QF	农产品质量安全水平	1193	0.1274	0.3336
URBAN	城镇化水平	1193	40.0394	17.5591
LABOR	农业从业人员占比	1193	49.6723	19.9537
GAP	城乡收入差距	1193	2.4862	0.6964
REAP	人均机收面积	1193	939.9207	1949.2170
GDP	人均地区生产总值	1193	41367.1700	39839.0200

6.4 中国县域农产品质量安全影响因素的实证分析——基于 Probit 二元选择模型

6.4.1 实证模型设定

本研究拟用 Probit 计量分析模型对中国县域农产品质量安全水平的宏观影响因素进行实证分析，因变量涉及县域是否为“国家农产品质量安全县”，自变量涉及城镇化水平、农业从业人员占比、城乡收入差距、人均机收面积和人均地区生产总值。考虑到变量之间的关系，最终的实证模型为：

$$prob(QF = 1 \mid X) = \int_{-\infty}^{X'\beta} \varphi(t)dt = \Phi(X'\beta) \tag{6.2}$$

其中，QF 表示县级行政区划是否为国家农产品质量安全县，1 表示是，0 表示不是；X 表示县域农产品质量安全水平的影响因素向量，涉及城镇化水平 URBAN、农业产业人员占比 LABOR、城乡收入差距 GAP、人均机收面积 REAP 和人均地区生产总值 GDP 等因素。函数 $\Phi(\cdot)$ 表示标准正态分布；β 为模型带估计参数。在回归分析中，为消除变量间的多重共线性问题，故先对所有自变量取自然对数值。

6.4.2 实证结果分析

根据式（6.2）所构建的模型，利用 Stata15 进行实证分析，估计结果如表 6–4 所示。从整体结果来看，所有变量中，只有农业产业人员（LABOR）未通过显著性检验，其余变量系数估计值均通过了显著性检验。

表 6–4　Probit 二元选择模型估计结果

变量	系数值	标准差	Z 统计量
URBAN	–0.1708*	0.0967	–1.77
LABOR	0.0509	0.1019	0.50

续表

变量	系数值	标准差	Z 统计量
GAP	-0.1916**	0.0885	-2.17
REAP	0.0842**	0.0342	2.47
GDP	0.2898***	0.0923	3.14
相关检验指标	Log Likelihood=-439.2900；LR 值 =31.52；Prob（LR）=0.0000		

注：* 表示 P<0.1，** 表示 P<0.05，*** 表示 P<0.01。

根据表 6-4 的实证结果来看，城镇化水平（URBAN）变量的系数估计值为 -0.1708，说明县域城镇化水平与农产品质量安全水平呈负相关关系，且系数估计值在 10% 的显著水平上通过检验。表明县域城镇化水平越高，则农产品质量安全水平越低，这与理论分析以及省域层面的检验结果一致，其原因在于县域作为农产品生产的源头，城镇化进程中会导致农业劳动力、农用土地的减少以及农业生产环境的恶化。农业从业人员占比（LABOR）变量的系数估计值为 0.0509，说明县域农业从业人员占比与农产品质量安全水平呈正相关关系，这与理论分析和省域层面的实证检验结果相一致。但这里农业从业人员占比的系数估计值并不显著，说明县域农业从业人员占比对农产品质量安全的影响不显著，原因可能在于我们选取的自变量为是否为国家农产品质量安全县，现阶段中国在县域农产品质量安全治理的实践中更加看重农业劳动力的素质，所以农业从业人员的质量对农产品质量安全将会有更大影响，相反，农业从业人员的数量对农产品质量安全的影响就会越来越小。城乡收入差距（GAP）变量的系数估计值为 -0.1916，说明县域城乡收入差距与农产品质量安全水平呈负相关关系，且系数估计值在 5% 的显著水平上通过检验。表明县域城乡收入差距越大，则农产品质量安全水平就越低，这与理论分析和省域层面检验的结果相一致，这里就不再对其原因进行重复解释。人均机收面积（REAP）变量的系数估计值为 0.0842，表明县域人均机收面积与农产品质量安全水平呈正相关关系，且该系数估计值在 5% 的显著水平上通过检验。这说明人均机收面积越多，则县域农产品质量安全水平越高，这与前面理论分析和省域层面实证检验中农业土地投入与农产品质量安全呈正相关关系的结果相一致。不同的是，县域分析这里我们选取人均机收面积来代替人均播种面积，不仅可以衡量县域农业土地投入的情况，还可以衡量县域农业机械化情况，证实了农业土地投入和农业机械化与农产品质量安全呈正相关关系。人均地区生产总值（GDP）变量的系数估计值为 0.2898，表明人均地区生产总值与县域农产品质量安全呈正相关关系，且该系数估计值在 1% 的显著水平上通过检验，说明人均地区生产总值越高的县域，农产品质量安全水平就越高。其原因可能在于两个方面，一是人均地区生产总值越高的地区经济水平就越发达，人民群众的生活水平就越高，对农产品的消费会更加倾向于质量和结构的优化，地区则以需求为导向，其农产品的生产或者进口都会加大对农产品质量安全的把控，从而提高地区农产品质量安全水平；二是地区经济发展程度越高，政府就有更多的财政资金投入到农业基础设施建设以及农产品质量安全治理工作中，因此农产品质量安全就越有保障。

6.5 本章小结

本章首先介绍了基于县域层面对中国农产品质量安全的宏观影响因素进一步实证检验的背景，然后梳理和分析了中国“国家农产品质量安全县”创建的历程和现状，并在第 4 章理论分析和第 5 章省域层面实证检验农产品质量安全宏观影响因素的基础上，以“国家农产品质量安全县”的创建与否作为因变量，选取城镇化水平、农业从业人员占比、城乡收入差距、人均机收面积和人均地区生产总值作为自变量，构建了 Probit 二元选择模型。最后运用 2017 年中国 1193 个县级行政区域的截面数据，基于县域层面对中国农产品质量安全的宏观影响因素作了进一步的实证检验。

（1）“国家农产品质量安全县”创建工作稳步推进，中国县域农产品质量安全治理形成了新的格局。在习近平总书记提出县域治理“三个起来”要求的背景下，县域农产品质量安全治理的重要性进一步凸显，“国家农产品质量安全县”应运而生。2014年，农业农村部在国务院食品安全委员会的统一部署下启动了“国家农产品质量安全县”创建活动。2015年，第一批“国家农产品质量安全县”进行创建试点。2016年，第一批103个“国家农产品质量安全县”正式命名。2017年，第二批“国家农产品质量安全县”进行创建试点。2019年，第二批共200个“国家农产品质量安全县”正式被命名。截至目前，中国共创建了303个“国家农产品质量安全县”。第一批和第二批“国家农产品质量安全县”的创建取得了显著成效，落实了基层政府的属地管理责任，促进了基层监管体系和全链条管理机制的完善，提升了农产品质量安全水平，推动了社会共治局面的形成。但当前“国家农产品质量安全县”的创建仍存在一些问题，比如部门协作还不充分、社会共治合力还非常有限、整体创新性不足等问题。总而言之，“国家农产品质量安全县”的创建开创了中国农产品质量安全治理的良好格局，但其中的问题也还需要在今后的实践中不断发现和解决。

（2）“国家农产品质量安全县”创建视角下，中国县域农产品质量安全形势持续向好，但同时也存在明显的区域差异，农产品质量安全基层治理仍然任重而道远。随着“国家农产品质量安全县”的创建工作的持续推进，越来越大的县域被命名为国家级农产品质量安全县，在农产品质量安全治理中发挥了显著的示范和带动作用，在此背景下部分省份进一步启动了省级农产品质量安全县的创建工作，中国县域农产品质量安全的形势持续向好。但就各地区“国家农产品质量安全县”的创建情况来看，还存在明显的区域差异。一是省际间存在着显著差异，从创建数量来看，目前拥有“国家农产品质量安县”最多的是山东，数量为18个，而数量最少的为西藏，其农产品质量安全县数量仅有3个；从创建比例来看，北京、天津和上海的创建比例最高，均为 25%，而西藏的创建比例最低，仅为 4.05%。二是三大区域间存在着显著差异，从创建数量来看，东部地区的农产品质量安全县数量为 114 个，占全国总数的 37.62%，西部地区和中部地区的农产品质量安全县数量分别为 93 个和 96 个，分别占全国的 30.70% 和 31.68%。从各地区农产品质量安全县的创建比例来看，三个地区中最高的是东部地区的 13.13%，其次是中部地区的 10.41%，最后是西部地区的 8.81%。三个地区中只有东部地区的创建比例超过了全国 10.63% 的水平，中部地区的创建比例略低于全国水平，而西部地区的创建比例远远低于全国水平，与中部地区和东部地区的差距十分明显。此外，从全国的情况来看，目前共创建"国家农产品质量安全县"303 个，创建比例为 10.63%，发挥的示范和辐射带动作用还十分有限，中国农产品质量安全的治理仍然任重而道远。

（3）实证结果显示，城镇化水平、城乡收入差距、人均机收面积和人均地区生产总值对县域农产品质量安全水平具有显著的影响，是对省域层面实证分析结果的进一步检验和拓展。Probit 二元选择模型估计结果显示，城镇化水平（URBAN）变量的系数估计值为 –0.1708，且在 10% 的显著水平上通过检验，说明县域城镇化水平与农产品质量安全水平呈负相关关系。农业从业人员占比（LABOR）变量的系数估计值为 0.0509，说明县域农业从业人员占比与农产品质量安全水平呈正相关关系，但是并不显著。城乡收入差距（GAP）变量的系数估计值为 –0.1916，且在 5% 的显著水平上通过检验，说明县域城乡收入差距与农产品质量安全水平呈负相关关系。人均机收面积（REAP）变量的系数估计值为 0.0842，且在 5% 的显著水平上通过检验，表明县域人均机收面积与农产品质量安全水平呈正相关关系。人均地区生产总值（GDP）变量的系数估计值为 0.2898，且该系数估计值在 1% 的显著水平上通过检验，表明人均地区生产总值与县域农产品质量安全呈正相关关系。上述实证结果，不仅进一步从县域层面证实了城镇化、农业劳动力流动、城乡收入差距和农业土地投入对农产品质量安全的影响方向和程度，也进一步拓展并证实了地区农业机械化水平和地区经济发展水平对农产品质量安全水平起正向促进作用。

第 7 章　国外农产品质量安全宏观防控与源头治理的经验

农产品质量安全问题作为一个世界性难题，如何治理农产品质量安全问题备受国际社会的关注和重视。美国、日本和欧盟等多数发达国家和地区普遍从国家立法、监管制度和保障体系建设等方面着手，展开对农产品质量安全的宏观防控与源头治理。本章将梳理相关国家的农产品质量安全宏观防控政策，然后对其宏观防控框架下农产品质量安全源头治理的政策措施和实践经验进行分析总结，以期为中国农产品质量安全的宏观防控与源头治理机制的建设提供经验借鉴。

7.1 国外农产品质量安全宏观防控的主要途径

7.1.1 出台核心的国家立法

法律是一个国家治理的根基所在，农产品质量安全的治理更是离不开法律的顶层设计。美国、日本、欧盟等国家和地区，在保障和治理农产品质量安全上有着起步早、经验丰富的实践，而保障和治理农产品质量安全的政策措施都建立在相关法律的基础上，因此宏观层面的立法可谓是农产品质量安全宏观防控最重要的途径。

美国农产品质量安全的宏观立法起步较早，是国际社会公认的最为完备和先进的法律体系之一。早在 1906 年，美国国会通过了《纯净食品药品法案》，这也是美国第一部关于食品安全的联邦法律。紧接着 1907 年美国政府又出台了《肉类检测法》，为后来食品安全监管机构的成立奠定了基础。2002 年美国国会通过了《生物反恐法案》，提出了“实行从农场到餐桌的风险管理”。美国国家食品与药品监督管理局（FDA）先后制定了

9 本与食品、药品相关的安全生产规定，其中 3 本的内容涉及农产品安全生产。规定指出，食品、药品和农产品的生产必须在 FDA 制定的规则下进行，进口则必须经过美国农业部（USDA）或 FDA 的登记和检验合格等两道关卡（邢文英，2006）。2011 年，时任美国总统奥巴马签署的《食品和药品管理局食品安全现代化法（FSMA）》，成为了美国保障农产品质量安全最有力的联邦法。日本作为农业高度现代化的国家之一，其关于农产品质量安全的宏观立法主要有两部，分别是 1947 年制定并经多次修订的《食品卫生法》和 2003 年国会通过的《食品安全基本法》。此外，日本还出台了《产品责任法（PL 法）》，其中要求严厉追究因农产品质量安全问题而造成后果的相关责任。欧盟涉及农产品质量安全的立法数量众多、影响深远。其在 1997 年发布的《食品法律绿皮书》中强调了法律法规建设的重要性，在 2001 年发布的《食品安全白皮书》中提出了“从田间到餐桌”的农产品监管理念，再到 2002 年的《通用食品法》，以及 2006 年的《食品卫生法》和《欧盟食品及饲料安全管理法》，都体现了宏观的国家层面的立法对农产品质量安全的重要性。

7.1.2 制定特殊的监管模式

现实中，由于各国经济社会发展和农业生产的水平和特征各有不同，所以农产品质量安全监督管理的模式也不尽相同，各种监管模式的形成，根据在于其所在国的具体情况和实际需要，也反映了独特的监管理念。目前，国际上有三种具有代表性的模式：一是以美国为代表的多个部门协同负责的农产品质量安全监管模式。美国有 3 个负责食品安全监管的核心机构，即农业部（USDA）、卫生和公共事业部（HHS）和环境保护署（EPA），三个机构实施明确的监管分工：农业部负责监管的主要内容为肉类、家禽及相关产品和蛋类加工产品；卫生和公共事业部负责监管的主要内容为瓶装水、酒精含量低于 7% 的葡萄酒饮料以及其他食品；环境保护署负责监管的主要内容为饮用水和杀虫剂（李生，李迎宾，2005）。此外，美国履行食品安全监管职责的部门还包括联邦贸易委员会、商业部和财政部。为加强各食品安全监督管理部门的合作，1998 年美国成立了“食品传染疾病发生反应协调组”（杨辉，2006）。二是以英国为代表的成立独立的食品安全监督机构的农产品质量安全监督管理模式。1999 年以前，英国负责食品安全监管的机构是农业渔业及食品部（MAFF）。随着英国《1999 年食品标准法》的通过，其成立了食品标准局（FSA），作为食品安全监督的独立机构。食品标准局的职能主要包括政策制定、服务、检查和监督等四个方面：一是制定或协助公共政策机关制定食品（饲料）政策；二是向当局及社会公众提供与食品（饲料）有关的信息、建议和协助；三是通过食品（饲料）有关信息的获取和审查，可对食品（饲料）及其原料的生产、流通和使用等各个环节进行观测和检查；四是可对其他食品安全监管机关的执法活动进行监督、检查和评估。而农产品交易标准、农兽药的监控和执法、酒类标准（除零售环节外）和园艺标准等执法工作仍由环境、食品和农村事务部（原农业渔业及食品部）负责，其食品安全的具体执法工作主要由 499 个地方政府承担（李生，李迎宾，2005）。三是以加拿大和德国为代表的主要由农业部门负责的农产品质量安全监督管理模式。1997 年前，加拿大的食品安全监管部门众多，包括农业和农业食品部、渔业和海洋部、卫生部和工业部等，分散的管理体制催生了职能冲突和监管效率低下等问题（李生，李迎宾，2005）。1997 年，加拿大在颁布《加拿大食品监督署法》的基础上成立了加拿大食品监督署。食品监督署作为加拿大农业部之下专门负责食品安全监督的机构，其职责包括两个方面：一是统一负责食品安全、动物健康和植物保护的监管工作；二是负责农产品产地检查、农业投入品监管、药残监控、加工设施检查、动植物和食品及其包装检疫和标签检查，实施“从农田到餐桌”的全过程监管。德国管理农产品质量安全的最高决策机构是食品营养、农业和消费者保护部（BMELV），该部门下设联邦消费者保护食品安全局（BVL）和风险评估研究院（BFR）。两大下设机构的主要职责包括两个方面：一是辅助食品营养、农业和消费者保护部开展农产品质量安全的监控、政策制定和科研等相关专业性工作；二是以联邦法律和国家联邦的组织形式为基础，根据各州人口、农业的基本情况来开展州及以下层面的农产品质量安全管理工作。

7.1.3 建立完善的保障体系

发达国家和地区在农产品质量安全保障体系的建设上各有特色，美国的特点是建立科学的农产品质量标准与认证体系和完善的管理和可追溯体系；日本的特点是建立先进的监测、预警和分权管理体系；欧盟的特点则是补贴奖励、集中管理等措施（高鸣等，2018）。现阶段，发达国家主要从以下三个方面来建立完善的农产品质量安全支撑保障体系：

（1）建立完备的标准体系。欧盟的标准体系相当完善，目前仅是涉及农产品和食品的技术标准多达 550 个（方佳，李玉萍，2008）。美国的农产品标准则具有很强的层次感：一是国家标准，由联邦农业部、卫生部和环境保护署以及其他经联邦政府授权的特定机构联合制定。二是行业标准，由民间团体制定，其在美国具有很大的权威性，是美国农产品标准的主体。三是由农场主或公司制定的企业操作规范。美国技术标准 93000 个，涉及农产品的有 352 个（方佳，李玉萍，2008）。日本的农产品标准体系与美国类似，也分为国家、行业、企业这三个层级。其中，国家标准（JAS）占主导地位，其涵盖了农产品、畜产品、水产品及其加工制品、林产品和油脂等多个种类。行业标准作为国家标准的补充或技术储备，其制定主体多是专业协会、行业团体或社团组织。企业标准则为企业层面的技术标准或操作规程，制定主体为各株式会社。早在 21 世纪初，日本就已有 15 部技术法规和 500 多个农产品规格标准（钱永忠，2003）。

（2）建立高效的检验检测体系。农业部食品检验局（CFIA）是负责加拿大农产品检测的机构，CFIA 共设 4 个大区，其下设的地区性办公室和基层办事处分别达 18 个和 185 个，并在 408 个非政府机构设点。此外，CFIA 还拥有 22 个实验室和研究机构，以及 4600 多名检验员、兽医及其他专业人员，为新技术研究、组织测试和咨询指导工作提供支撑（钱永忠，2003）。美国的检测体系包括联邦政府和州政府两个层级，前者的检测机构主要负责进出口检验，而后者的检测机构则负责生产过程、产地质量安全等检测（李生，李迎宾，2005）。美国的检验检测能力非常强大，从 1946 年至 21 世纪初，国家实验室的数量已发展到 850 多个，工程技术人员和科学家共达 20 多万名，平均每个实验室拥有的科研人员约为 235 人（王芳，王敏，2008）。日本拥有健全的农业检测体系，农林水产消费技术服务中心设有 7 个分部，负责调查和分析日本全国 47 个部道府县的农产品质量安全。同时，日本非常重视动植物防疫，农林水产省设有动物防疫处和植物防疫处。动物防疫处设有 1 个本所和 6 个支所，派出机构和家畜保健卫生所分别达 17 个和 170 个，承担家畜传染病防治工作的专职兽医达 2000 多名。植物防疫处在 7 个区域性农业局设立了病虫害防治科，同时在县级设立本所对农民的农药使用行为进行监管和指导。欧洲诸国根据本国及欧盟的相关法律法规，实行严格的农产品市场准入和监管机制，建立了先进的检测体系。英国的检测体系以先进的实验室为支撑，诸如 GC-MS、HPLC、LC-MS、LC-MS-MS 等仪器设备已普遍配备。法国的农产品质量检测和定期预报管理体系相当完善，每年会定时定点对农产品进行取样分析，以小麦为例，其每年的取样点和分析检测基本样品分别达 36500 个和 1150 个。

（3）建立到位的风险防控体系。一是建立权威的农产品质量风险评估与预警机构。德国对农产品风险的评估和管理尤为重视，于 2002 年建立了联邦风险评估研究院（BFR）、联邦消费者保护和食品安全办公室（BVL）

分别作为专门的风险评估机构和风险管理机构。BFR 与国内各研究机构和欧盟食品安全总局进行密切合作，负责向公众通报和宣传相关食品、药品及消费品等方面的风险，并向 BVL、德国政府以及相关国际组织提出针对上述风险的政策建议。BVL 以 BFR 提供的专业信息为基础，负责对风险突发事件进行应对和中心指挥，并向政府提出管理方面的政策建议（苏春森，2008）。美国负责农产品质量风险评估与预警的机构主要包括环境保护署（EPA）、食品药物管理局（FDA）和食品安全检验署（FSIS）。二是建立有效的农产品质量安全风险评估与预警机制。2002 年，欧盟建立了食品与饲料快速预警系统（RASFF）。RASFF 以欧盟 178/2002 号食品安全法为基础，其目的在于为欧盟各成员农产品安全监管机构提供信息交换的途径，并及时采取措施确保食品安全。RASFF 系统涵盖了 25 个欧盟成员国、欧洲经济区的挪威和冰岛、列支敦士登、欧盟委员会健康和消费者保护总署、食品安全管理局、欧盟自由贸易联盟、食品监管局。RASFF 作为欧盟成员国食品和饲料的风险信息交流平台，已成为欧盟乃至世界重要的预警信息交流窗口（唐晓纯，许建军，2012）。RASFF 通报类型主要分为市场通报、边境拒绝通报和新闻通报 3 类，并且每年都会发布年度报告，对一年来的通报数据进行分析和总结，对成员国的风险监测和预警控制有很好的参考价值（张星联，张慧媛，唐晓纯，2012）。三是建立先进的农产品质量风险评估与预警技术体系。在农产品质量风险评估与预警技术方面，美国走在世界前列。而真正深入推进美国建立先进农产品质量风险评估与预警技术体系的是 1996 年颁布实施的《食品质量保护法（The Food Quality Protection Act）》，该法旨在保障农产品安全、保护儿童权益和解决法律体系不一致等问题。

7.2 国外立法层面的农产品质量安全源头治理经验

7.2.1 出台农业投入品使用管理的相关立法

农产品质量安全治理的根本在于源头控制，而源头控制的关键又在作为农产品质量安全问题发源地的生产环节。诸多发达国家为了从生产源头上来治理农产品质量安全问题，普遍高度重视农产品生产环节中农业投入品的使用和管理，为此出台了针对农药、化肥等主要生产要素投入的相关立法。其中，最具代表性的为美国、日本、荷兰和欧盟。美国现有三部非常重要的涉及农业投入品使用管理的法律法规，包括《联邦食品、药品和化妆品法（FFDCA）》《联邦杀虫剂、杀菌剂及灭鼠剂法（FIFRA）》以及《食品质量保护法（FQPA）》，规定农药的销售和使用受美国环境保护署、食品与药品管理局和农业部的分工管理。除此之外，美国《濒危物种法案（ESA）》和《农药登记改进法案（PRIA）》也对农药管理作了相关要求。加拿大出台了多个关于农业生产要素投入管理的针对性立法，主要包括《有害物控制产品法》《饲料法》《肥料法》和《种子法》等（刘文君，2006）。日本也非常重视对农药、化肥等要素投入进行立法，最早于1950年出台了《肥料管理法》，1997年后又先后出台了《农药取缔法》《农药管理法》等与农产品质量安全有关的法律法规（陈俊科，庞琢，2007）。荷兰在1962年制定了专门的《农药法》，并成立专门的农药授权委员会（CTB），其主要职责就是以《农药法》为依据，专门授权杀虫剂的使用（王平，2004）。2009年，欧盟出台了《欧盟农药管理法规（PPP法规）》，该法规可谓是世界上最严的农药法规之一，对农产品农药残留限量作出了严格要求，指出农药监管的重点是风险防控。2003年10月13日，欧盟颁布了统一的肥料法。2016年欧盟又出台了《欧盟肥料管制条例》，降低了有机肥料和创新肥料的市场准入标准，旨在从源头上降低农产品质量安全风险。

7.2.2 出台农业土地投入管理的针对性立法

土地作为农业生产的必需要素，与农产品质量安全息息相关，是从源头上影响农产品质量安全的重要因素之一。一些发达国家为从土地要素投入上降低农产品质量安全风险，在农业土地投入和管理上出台了不少针对性的立法，这方面最具代表性的国家为农业高度发达的美国和日本。美国于 1933 年通过了《农业调整法》，这一法律确立了农业的基础地位，对美国此后农业政策的实施影响深远。20 世纪 80 年代后，美国农业法的地位更进一步，成了一个独立的法律部门。2007 年，新农业法案的出台标志着美国农业法律体系的基本完善。除此之外，美国拥有与农业法相配套的重要法律多达一百多部，其中不乏农业土地投入和管理方面的针对性立法，内容涵盖农业投入、土地开发和利用、农业资源和环境保护等多个方面。日本于 1952 年制定了《农地法》，20 世纪六十年代以来又先后通过修改《农地法》和制定《农地利用增进事业法》《农业经营基础强化法》等法律，实行了一系列促进农地流转的变革举措。20 世纪 90 年代，日本为进一步推动农业规模化经营，相继出台了《农业经营基础强化促进法》和《新农业基本法》，引导农地流转向“认定农业生产者”集中。此外，日本还出台了《土壤污染防治法》。通过这些法律法规，日本政府促进了农地的流转，加快了农业生产的规模化经营和农业技术的进步，有力地从源头上保障了农产品质量安全。

7.2.3 出台农民职业技能培训的针对性立法

农产品质量安全产生的源头在生产，而生产最关键的要素在于生产者，生产者的职业道德、知识技能、认知能力等因素都可能从源头上导致农产品质量安全问题的出现。因此，发达国家非常重视农民的职业技能培训，并出台了相关的立法来进行保障，这方面最具代表性的为美国、日本和德国等国家。美国非常重视农民职业培训，关于农民职业培训的立法更是有 150 多年的历史。从 1862 年开始，美国先后出台了《莫雷尔法案》《哈奇法案》《农业法案》等关于农民职业培训的法案，这些法案涉及农民职业培训的诸多方面，不仅要求建立农学院，还要求联邦及各州、县政府拨款以资助农民进行职业技能培训，而且培训形式和内容多样，要求各地区因地制宜。日本新型职业农民培训的历史也比较悠久，且一向将目标定为培养“农业后继者”。日本最早关于农业培训的法律是其在 1948 年颁布的《农业改良助长法》，农业大学是日本新型职业农民的主要培训主体。此外，诸如综合性大学的农学部、农科类大学和中等农业学校等机构，也为日本输送了一批又一批具有职业道德、管理知识、专业化农业技术，能运用现代化生产设备的职业农民。政府在整个培训链中处于主导地位，同时给予资金和法律上的大力扶持和保障。德国非常重视各行业从业者的素质教育，在其出台的《职业教育法》中明确规定：接受相关的正规的职业教育是各行业就业者的基本要求。德国职业农民的从业资格考核是世界上最严格的考核之一，考核内容主要包括两个方面：一是知识考核，被考核者必须接受 3 年中等农业职业教育，学习内容涵盖农作物种植、动物养殖、机械设备操作到农场管理、商业战略和市场营销等，通过专业考试后方可取得“农业专业工人”资格。二是实习考核，被考核者通过农业职业教育及考核后，必须到非亲属的农场进行实习，对各项技术技能进行实践锻炼。最后，被考核者必须通过上述两个考核环节才能获得“农业师傅证书”，从而取得经营管理农场及招收学徒的资格。

7.3 国外监管层面的农产品质量安全源头治理经验

7.3.1 建立全程追根溯源的监管模式

欧美等国家农产品质量安全监管的一大共同特征是建立全程可追溯体

系，该体系强调两个方面的内容：一是农产品各环节的全过程监控，即对生产→收获→加工→包装→运输→贮藏→销售等全部环节进行监控；二是对投入品和相关工具的全方位监管，包括农药、化肥、包装材料、运输工具和食品标签等。全程可追溯的监管模式，能有效避免因某一监管环节和防范内容的缺失对农产品质量安全造成冲击或构成潜在的风险。

美国将农产品从农田到餐桌的全程监管责任主体进行明确划分，往往一个部门负责一种食品的质量安全。监管部门不仅要求食品生产企业遵循《通用良好生产规章（GMP）》，实施危害分析和关键控制体系（HACCP），还要求控制可能对食品安全造成负面影响的其他要素，包括用来生产食品的设备、装置以及企业的建筑物等（杨辉，2006）。21 世纪初，英国开始着手建设农产品信息追溯系统，由政府牵头建立统一的数据库。英国农业联合会和 4000 多家超级市场密切合作，建立了包含识别系统和代码系统的可追溯信息系统，以详细记载生产链中被监控对象的移动轨迹，实现农产品从生产到销售各个环节的追踪检查，并规定非农业联合会成员的产品禁止在这 4000 多家超市销售（杨芳，2008）。加拿大政府非常重视农产品质量安全的源头管理和过程控制，各个阶段都有严格的规定。生产阶段中，加强监察调查力度，落实应急措施和产品注册等工作；加工阶段中，重视对食品加工企业 HACCP 计划的审查、认可和核查，同时加强对违规现象的调查取样、核查和处理力度；分销和运输阶段中，重视对农产品冷藏设置以及各种运输工具和储藏设备的检查；零售、消费和售后服务阶段中，强调与其他公共卫生机构的合作，高度重视相关问题投诉的处理（调查取证、产品召回），并及时向公众公布后续的调查处理情况，加强对消费者农产品质量安全知识的宣传和教育。韩国政府于 2005 年补充修订了农产品质量控制法令，新修订的法令于 2006 年开始执行，其中要求建立全方位的农产品追溯程序，国家农产品质量管理服务处（NAQS）负责登记参与追溯的农户信息，登记成功后的农户方能参与追溯程序（周绪宝，王文雅，2008）。

7.3.2 明确相关机构组织的监管职责

农产品质量安全源头监管是农产品质量安全风险防控的关键环节，这不仅需要政府设置专门的监管机构，还需要明确监管机构部门的源头监管职责，以落实农业生产的源头监管。环境保护署（EPA）是美国负责农产品质量安全源头监管的主要机构，不仅涉及水源、杀虫剂、有毒物等在农业生产中的监管，还包括制定农药、化学物等残留限量的规定。此外，作为美国最大农业组织的农业协会在农产品质量安全的源头监管中也发挥了重要作用。主要体现在两个方面：一是农业协会基层组织会对农民进行安全生产的教育，包括农药、化肥等的安全使用。二是农业基层组织会对辖区内的生产行为进行监督指导和教育，包括农药化肥的安全使用、土地和水源的保护等方面，主要目的是提高农民的生产环境保护意识和安全生产意识，增加农产品质量安全的保障。丹麦非常重视农产品“从农田到餐桌”的全程监管，其负责源头监管的部门包括农业、食品和渔业部。荷兰的主要监管部门是农业部，下面又设立了环境、质量和卫生局，负责对农业生产、环境、饲料等方面进行监管。此外，荷兰农药授权委员会是一个特殊且单独的机构，主要负责农业生产中农药和杀虫剂使用的监管。德国对农业生产组织实行分级管理制度，政府免费对各个农业生产企业进行风险等级评估，并告知其风险等级评估结果。随后，政府会根据风险等级对农业生产企业进行有区别的分级抽查，抽查频率从每天 1 次到 3 年 1 次不等。根据农业生产企业质量风险发生的可能概率大小，将农业生产企业分为九个风险等级。风险等级的划分主要根据农业企业的类别、产品和生产方式、企业过去的记录和信誉、企业自我监控的可信度和卫生管理的情况，建立相应的评级数学模型。

7.3.3 强化投入品和农地的监管力度

农产品生产环节中，农药、化肥等投入品的使用和农地的耕作模式与农产品质量安全直接相关，发达国家普遍对农业投入品和农地的使用实行严格的规定和监管。美国对于农药的使用有着严格的规定：一是对于高毒性农药的使用，必须与县农业局沟通并备案，使用过程必须接受县农业局委派工作人员的指导和监督。二是对农药使用时期和收获作业的规定，在距收获期的一个星期内不准施药，且收获过程中工人必须穿工作服和佩戴手套。三是农产品生产基地必须远离污染源，且不能随意丢弃废弃物，必须经过专业的处理以保障生产基地的洁净。此外，美国农场使用农药时普遍要聘请专业的农药服务公司，通过专业化的操作将农药用量控制在适当浓度和合理使用范围内（邢文英，2006）。美国为了保护农业生态环境和土地的可持续生产能力，实施了比较严格的休耕制度。1956 年，美国政府设立了土地银行。休耕政策要求农场将 12% 的耕地停耕，作为土地储备和休耕储备。作为土地储备的耕地休耕一年，土地银行根据面积给予农场主一定的补助金作为报酬；作为休耕储备的耕地由土地银行和农场主签订合同，将部分耕地转作林地、草地或休闲地进而长期休耕，土地银行向农场主发放补助金作为休耕补贴①。虽然这一政策的最初目的是控制产量，消除农产品过剩，但事实上对农产品的安全生产起到了重要保障作用。德国以农业合作经济组织为基础，实行标准化生产和规模化经营，对农药、化肥等生产资料进行批量采购，不仅降低了成员的生产成本，还有效控制了有毒有害化学物质的使用（苏春森，2008）。日本出台了《有机农业推进相关法》，大力提倡减少农药、化肥的生产方式，以提高土壤中的有机质含量。

---

① 李治民，徐小青 . 中国与美国农业生产方式的比较［N］. 中国农网，2002-08-16.

7.4 国外保障层面的农产品质量安全源头治理经验

7.4.1 执行严格的农兽药残留标准

现有研究表明，农兽药残留是导致农产品不安全的最大隐患。为保证农产品质量安全，提高农业标准化生产水平，发达国家普遍都建有比较完善的农兽药残留标准体系，并成功地运用农兽药残留标准体系设置技术贸易壁垒，对本国农业发展起到了很好的保护作用。其中，较具代表性的为欧盟和日本。

欧盟的农产品畅销全世界，秘诀在于其制定的农业标准非常严格，农产品质量安全有保障。2008 年 9 月，欧盟对其 27 个成员国开始统一实施新的农药残留标准体系，新的残留标准体系中农产品和食品的农药残限量数从原先的 3.9 万多个增加到了 10 万多个，而欧盟对于那些在新体系中没有规定残留限量的农药也有着严格的要求，其残留限量必须小于 0.01 毫克 / 公斤。此外，欧盟几乎对每一个农业产品可能涉及的农药都进行了农残的最高值限定。欧盟对柑橘类鲜果有 421 种农药残留的最高上限规定；对根茎类蔬菜有 347 种农药残留的最高上限规定；对木本坚果有 426 种农药残留的最高上限规定；对仁果有 403 种农药残留的最高上限规定；大豆、油菜、水稻和瘦肉有明确残留规定的农药种类分别达 451 种、347 种、453 种和 356 种（见表 7–1）。此外，欧盟还建立了对外开放的农药残留限量标准的数据库，社会公众可在其官方网站上查询不同农作物和农药的残留限量，以确保政策的公开透明。

表 7–1　欧盟部分农产品农药残留规定

种类	有明确残留规定的农药种类	残留容忍度最高的农药	残留容忍度最低的农药
柑橘类鲜果	421	乙磷铝 75（mg/kg）	氟虫腈 0.005（mg/kg）
根茎类蔬菜	347	溴化物离子 50（mg/kg）	氯丹等 120 种农药 0.01（mg/kg）

续表

种类	有明确残留规定的农药种类	残留容忍度最高的农药	残留容忍度最低的农药
木本坚果类	426	溴化物离子 50（mg/kg）	氟虫腈 0.005（mg/kg）
仁果类	403	乙磷铝 75（mg/kg）	氟虫腈 0.005（mg/kg）
大豆	451	溴化物离子 50（mg/kg）	氟虫腈 0.005（mg/kg）
油菜	347	赤霉酸 5（mg/kg）	氟虫腈 0.005（mg/kg）
水稻	453	溴化物离子 50（mg/kg）	氟虫腈 0.005（mg/kg）
瘦肉	356	双苯氟脲 10（mg/kg）	氟虫腈等 109 种农药 0.01（mg/kg）

资料来源：欧盟官网（http：//ec.europa.eu/sanco_pesticides/public/index.cfm）

日本通过“肯定列表制度”建立了多层次的农药残留标准体系。肯定列表制度由 0.01ppm（0.01 毫克 / 公斤）“一律标准（uniform limit）”、65 种豁免物质、758 种农业化学品的暂定标准、15 种不得检出物质以及 5 万多项农药残留标准组成。其中，0.01ppm 的“一律标准”是政府根据不会对身体健康产生负面影响而制定的残留限量标准，这一标准在“肯定列表制度”中的应用情境有两种：一是任何食品均未制定农药最大残留限量；二是部分食品制定了农药最大残留限量但所关注的食品没有制定针对性的残留限量。日本在“肯定列表制度”实施后，仅暂定标准就新增了 51392 个限量标准，涉及农业化学品 734 种、农产品和食品 264 种；加上原先继续有效的 2470 个限量标准（涉及 62 种农业化学品和 175 种农产品），日本“肯定列表制度”的限量标准数已达 53862 个，涉及的农业化学品、农产品至少分别为 796 种和 300 种。根据“肯定列表制度”可知，日本平均每种农产品或食品涉及多达 200 项残留限量标准，重要农产品的检测项目更是大幅增加，所涉及的残留限量标准要远远高于平均水平，例如茶叶、猪肉和大米，其残留限量标准分别高达 276 个、428 个和 579 个①。

① 资料来源：http：//www.zhtech.cn/Item/1993.aspx（检验在线网）.

7.4.2 建立完善的农产品检测体系

加拿大农业部食品检验局（CFIA）是负责农产品检测的机构，其庞大且完善的组织体系为农产品生产源头的检查提供了支撑。CFIA 共设 4 个大区，其下设的地区性办公室和基层办事处分别达 18 个和 185 个，并在 408 个非政府机构设点。此外，CFIA 还拥有 22 个研究机构和实验室，以及 4600 多名检验员、兽医及其他专业人员，为新技术研究、组织测试和咨询指导工作提供支撑（钱永忠，2003）。美国的农业检测体系分为联邦和州两个层级，农产品进出口检验主要归联邦政府的检测机构负责，而农产品生产过程和产地质量安全等检测归各州政府的检测机构负责（李生，李迎宾，2005）。从 1946 年至 21 世纪初，美国国家实验室的数量从零逐渐发展到了 850 多个，雇佣的工程技术人员和科学家多达 20 多万名，每个实验室平均拥有约 235 位科研人员，有着强大的农产品生产源头检测能力（王芳，王敏，2008）。欧洲诸国根据本国及欧盟的相关法律法规，实行严格的农产品市场准入和监管机制，建立了先进的检测体系。法国的农产品质量检测和定期预报管理体系相当完善，每年会定时定点对农产品进行取样分析，以小麦为例，其每年的取样点和分析检测基本样品分别达 36500 个和 1150 个。日本拥有健全的农业检测体系，农林水产消费技术服务中心设有 7 个分部，负责调查和分析日本全国 47 个部道府县的农产品质量安全。同时，日本非常重视动植物防疫，农林水产省设有动物防疫处和植物防疫处。动物防疫处设有 1 个本所和 6 个支所，派出机构和家畜保健卫生所分别达 17 个和 170 个，承担家畜传染病防治工作的专职兽医达 2000 多名。植物防疫处在 7 个区域性农业局设立了病虫害防治科，同时在县级设立本所对农民的农药使用行为进行监管和指导。

7.4.3 构建科学的风险评估与预警机制

农产品质量安全问题一旦发生，往往会产生无法挽回的损失。因此，农产品质量安全的治理要防患于未然，应构建科学的风险评估与预警体系，尤其是农产品产地环境的风险评估与预警机制。欧美国家非常重视农产品质量安全风险的预防，制定农产品质量安全政策普遍以科学的危害分析为基础。欧美诸国的食品生产加工企业普遍运用 HACCP 体系，对食品质量安全起到了有效的支撑保障作用。经过欧美国家的多年实践，HACCP 体系的科学性和实施成效在世界范围内得到了公认。HACCP 体系的特点在于有着严谨和科学的操作流程，首先通过“分析食品生产的全部过程→发现影响食品安全的环节→确定关键性的控制点”等过程抓住食品安全隐患预防和控制的关键点，然后对各个关键点确定衡量限制和监控程序，并在生产过程中对其进行严密监控，出现问题时及时采取有效的纠正和控制措施，从而实现对可能存在的食品安全隐患进行有效预防和控制的目标（食品质量安全保障体系研究课题组，2011）。产地环境作为农产品生产过程中的第一个关键点，从源头上决定了产出农产品的质量，HACCP 体系对农产品产地环境的风险评估与预警的运行起到了重要支撑作用。

20 世纪 80 年代开始，许多发达国家开始从土壤、灌溉水源、空气质量等方面来分析农产品质量安全的源头影响因素。随着监测技术、地理信息技术等相关技术的快速发展，农业面源污染问题在农产品质量安全风险评估与预警机制中占据着越来越重要的地位。进入 21 世纪后，随着农业生产中农药、化肥、有机材料等的过度使用，农业产地环境污染问题越来越受到重视，发达国家普遍在农产品产地环境风险评估与预警机制的建设上下了不少功夫。以日本为例，日本政府十分重视农业产地环境的风险评估与预警，在农产品产地环境控制与管理上有着丰富的实践经验，可追溯到 20 世纪 70 年代。1970 年，日本颁布了《农用地土壤污染防治法》，为保护农产品产地环境提供了法律支撑，同年还颁布了《土壤质量环境标准和分析方法》。20 世纪 90 年代，日本加快了相关标准的修订和制定。1991 年对重金属镉元素等 10 项标准进行了修订，1994 年又增加了农药、有机化合物等 15 项土壤环境限制标准，至今日本对土壤环境的检测指标多达 27 项。与此同时，日本还制定了严格的地表水环境质量标准，于 1993 年颁布了 23 项地表水污染物限量指标，在土壤标准指标的基础上增加了有机磷农药和铜。此外，日本的空气环境质量标准也非常严格，PCDDS、PCDFS 和 PCB 等二噁英类化合物均被列为监控指标（张艳丽等，2010）。

7.5 本章小结

本章通过对相关资料的查询和整理，梳理了发达国家在农产品质量安全宏观防控和源头治理中的实践和经验。农产品质量安全的宏观防控措施方面，发达国家普遍通过立法、监管和保障措施来对治理农产品质量安全问题实施宏观防控与源头治理。从诸多发达国家的实践来看，出台核心的国家层面立法、实施符合国情的监管模式以及建立完善的支撑保障体系是其对农产品质量安全问题进行宏观防控的核心措施。同时，发达国家还非常重视农产品质量安全的源头治理，普遍在立法、监管和保障等三个层面制定了诸多具体的源头治理政策和措施。

立法层面，发达国家普遍通过精准化立法来从源头上治理农产品质量安全问题：一是出台农药、化肥等农业使用品投入和管理的针对性立法；二是出台农业土地投入和管理的针对性立法；三是出台农民职业技能培训的针对性立法。监管层面，发达国家在整个监管环节中非常重视农产品质量安全的源头监管：一是建立全程可追溯的监管制度；二是明确相关机构部门的源头监管职责；三是重视农产品生产过程中农业投入品的使用和农地的监管。保障层面，发达国家非常重视农产品质量安全源头保障机制的建设：一是建立并执行完善且严格的农兽药残留标准体系；二是建立完善的农产品检测体系，尤其重视农产品产出与进出口环节的检测；三是重视农产品质量安全风险的评估和预警，尤其是对农产品产地环境的风险评估与预警。

第 8 章　新时代下中国农产品质量安全宏观防控与源头治理的机制设计

经济社会发展转型背景下，中国农产品质量安全面临的宏观影响因素理论上主要包括城镇化、城乡收入差距、农业劳动力转移、农产品价格波动和农业土地投入等方面。在此基础上，本研究分别从省域层面和县域层面对上述影响因素进行了实证检验，并系统梳理了发达国家农产品质量安全宏观防控与源头治理的经验。有鉴于此，本章将从总体布局、因地制宜、区域协同、城乡融合等四个层面来构建新时代下中国农产品质量安全的宏观防控与源头治理机制。

8.1 总体布局谋划农产品质量安全宏观防控的长效机制

农产品质量安全问题关系国计民生，在实施质量兴农战略和乡村振兴战略背景下，治理农产品质量安全问题更加需要着眼全局、进行长远的战略布局，也就是做好顶层设计。2015 年，习近平总书记提出了用“四个最严”来保障人民群众“舌尖上的安全”；2019 年，中共中央和国务院印发了《关于深化改革加强食品安全工作的意见》，其中提出了保障农产品质量安全的“六个坚持”，即坚持安全第一，坚持问题导向，坚持预防为主，坚持依法监管，坚持改革创新和坚持共治共享。由此可知，保障中国农产品质量安全不仅要在宏观防控层面上实施总体布局战略，还应在总体布局的基础上对农产品质量安全的源头治理找准方向、下足功夫。基于此，我们将从立法、监管、保障层面来构建总体布局层面下中国农产品质量安全宏观防控的长效机制。

8.1.1 精准立法机制

法治是现代文明的基石，也是农产品质量安全问题治理的重要保障。全面依法治国背景下，从立法层面来提高中国农产品质量安全的源头治理能力，无论是中央还是地方都必须做到精准立法，实现农产品质量安全源头治理有法可依、良法善治。对此，需要把握以下两个方面的要点：

一方面，农产品质量安全立法要精准化。农产品质量安全的相关立法要做到精准化，就必须紧紧抓住"问题导向"这一关键点。农产品质量安全的相关立法要解决的问题，应当是现存法律法规尚未解决或不能有效解决的，且真实存在于实际情况中的问题。只有深刻掌握"农产品质量安全存在的源头问题是什么、解决该问题的既有法律法规有什么、本次立法亟须解决和能解决的问题是什么、准备确立的相关制度有什么"，以此为实现农产品质量安全源头治理立法的基本依据，充分论证立法的必要性、可行性和时效性。从中国农产品质量安全的立法来看，近年来在《食品安全法》《农产品质量安全法》《农药管理条例》等一系列法律的基础上出台了《土壤污染防治法》，其目的在于从土地上加强对农产品质量安全的源头治理。经济社会发展转型背景下，就我国农产品质量安全产生的宏观影响因素来看，包括城镇化、农业劳动力、城乡发展差距、农产品价格和农业土地等多方面的源头因素，要实现农产品质量安全的源头治理，还须更多聚焦在这些因素上，出台更多精准化的立法。

另一方面，农产品质量安全立法要精细化。农产品质量安全问题的治理要从源头抓起，源头的另一层含义是基层和细节，这便要求农产品质量安全的相关立法要严密而周全，不能粗枝大叶，而是要抓住细节。中国农产品质量安全的源头问题存在已久、形势严峻，虽然出台了一些针对性的立法，却往往在实施过程中达不到预期的目标和效果，一定程度上是因为这些立法不够精细化，在大的框架下没有抓住细节，比如农药、化肥等在农业生产过程中的使用和管理，若不落实到细节，就会给农产品质量安全问题留下可乘之机。所以，现实中很多农产品质量安全的相关立法总是在不断地修订完善，这也从侧面印证了农产品质量安全立法精细化的重要性，立法之处不仅需要科学细致地设计规划，还要对未来发展做出前瞻性的预判。

8.1.2 动态监管机制

首先应注重监管过程的动态衔接。2014 年，农业部出台了《关于加强农产品质量安全全程监管的意见》，指出农产品质量安全的全程监管包括产地安全管理、农业投入品监管、规范生产行为、产地准出和追溯管理以及农产品收贮运监管等多个环节。加强农产品质量安全的源头治理，必须加强整个监管过程的动态衔接。一是要加强监管政策的动态衔接，以保证监管政策的持续性和有效性；二是要加强农产品质量安全监管过程各个环节的动态衔接，各环节环环相扣，要实现农产品质量安全的源头治理，就必须注重源头监管与监管环节之间的动态衔接，实现农产品质量安全监管的环环相扣，不留监管“空白区”。

其次还应做到监管重点的动态跟踪。对于农产品质量安全的监管重点应进行动态跟踪，进而适时调整监管策略。正如较长一段时期以来我国农产品质量安全的监管的重点环节在于生产源头，经过多年的动态跟踪，生产源头监管的策略和内容也随着实际情况的变化而有所改变。以前一段时期，农产品质量安全源头监管的重点是农药和化肥等投入品的使用，但随着动态跟踪发现从源头上影响农产品质量安全的因素不只是农药、化肥等投入品，还包括产地环境的恶化、农产品生产者的生产行为等，于是又在源头监管中增加了产地环境、农产品生产者的生产行为等内容。从本研究关于农产品质量安全的宏观影响因素来看，城镇化、城乡收入差距、农产品价格等因素都可能从源头上导致农产品质量安全问题的产生，加强对这些方面的监管有助于从源头上治理农产品质量安全问题。

最后还应对监管模式进行动态革新。随着互联网的推广和普及，农产品质量安全监管的模式也悄然发生了改变，以国家农产品质量安全追溯管理信息平台为支撑，一些地方政府也先后探索建立了农产品质量安全动态监管平台，互联网监管模式逐渐取代了传统的监管模式。互联网监管模式对于农产品质量安全的源头监管来说意义重大，因为农产品质量安全问题的源头在生产环节，而生产环节往往是在偏远的农村，距离监管机构和消费市场较远，传统的监管模式下监管成本高、效果也非常有限。因此，现阶段对于农产品质量安全进行源头监管，可采取传统模式和互联网模式相结合的方式，实行监管部门、消费者、生产者、农贸市场、社会组织和公众等多方参与、互动的监管模式。

8.1.3 全面保障机制

农产品质量安全保障体系的建立和健全，是持续提升农产品质量安全水平的关键。我国农产品质量安全保障体系的建设和完善是一个复杂的工程，应该包括农产品生产与供给体系、农产品质量标准与认证体系、农产品质量检测与监督体系、农产品质量风险评估与预警体系等四个方面。为探索农产品质量安全源头治理的路径，故接下来主要探讨农产品生产与供给体系层面的机制建设：

首先要多渠道进行农产品供给制度创新。一是要因地制宜适度提高农业规模化经营水平，解决土地流转的各种障碍因素，提高农业生产的组织化程度。对生产组织按规模进行风险评级，建立有弹性的农产品可追溯体系。二是建立仓储收购与订单供给制度。建立专业的仓储机构，建立专业的农产品质量安全的鉴定机制，对于部分农产品进行收购，在确保质量的条件下，对农产品需求者进行订单式的供应。三是建立农产品的直供制度。建立城市小区、社区、大型企业事业及国有单位与农村村社的直接对接机制，鼓励城市小区、社区、大型企业事业及国有单位直接到农村建立相应的供应基地，减少中间环节，创新农产品的直供制度，建立消费者对农产品生产者的直接指导和监督机制。

其次要建立农药和化肥施用的源头控制制度。一是可建立大宗农作物农药和化肥施用的强制性技术规范，对施用时间、次数、数量作出强制性规定；二是可从全国层面、依据当年农作物播种面积、农产品预期产量合理确定全国农药和化肥的生产量和销售量，要引导绿色生产，逐步降低全国单位面积农药和化肥施用量；三是可制定《农药法》，并成立专门的农药授权机构，推行农药授权使用制度；四是规范大型农场、大型农业生产基地的农药使用。

最后要利用宏观调控手段保障农产品的安全供给。提高中国农产品质量安全的源头治理能力，需要从宏观的视角进行审视，要从中国农村和农业发展的现实背景出发，在改革层面建立农业发展和经济改革及各方面利益协调的、综合平衡的宏观防控机制：一是要综合平衡农业和其他产业之间农业劳动力的合理布局，开发“人口红利”要与农业发展的水平相适应，要从数量上和质量上保障农业健康发展所需的劳动力；二是切实保障农业生产用地的投入，防止城镇化过程中大量占用良田沃土，要适当提高粮食生产的自给率；三是要进一步缩小城乡收入差距，要保障农业生产者收入水平的逐步提高，建立激励和约束相容的农业生产补贴制度，切实消除农产品的“隐形剪刀差”。

8.2 因地制宜落实农产品质量安全源头治理的长效机制

8.2.1 政策落实机制

农产品质量安全治理政策的顶层设计在中央，但政策的“落地生根”在各级地方政府。实际情况中，中央政策落实到各个地方，政策实施效果难免会出现“打折扣”和偏离预期的现象。中国农产品质量安全治理政策要“落地生根”，实现对农产品质量安全问题的源头治理，就需要进一步完善政策落实机制。为此，可从以下两个方面来完善政策落实机制：

首先，各地区要充分吸收、执行和宣传中央出台的农产品质量安全治理的宏观政策。换而言之，就是要求各地方政府要对农产品质量安全问题高度重视，对中央政策要进行充分理解和把握，在执行上不打折扣，同时要向公众进行广泛的宣传，做到政策的公开透明。近年来，中央高度重视农产品质量安全。习近平总书记于 2015 年提出了用“四个最严”来保障人民群众“舌尖上的安全”，2019 年，党中央和国务院在《关于深化改革加强食品安全工作的意见》中又提出了保障农产品质量安全的“六个坚持”，连续多年中央一号文件均对农产品质量安全工作提出了相关要求。因此，各级政府及其农业部门应对国家农产品质量安全相关宏观政策和理念进行充分的吸收、广泛的宣传和严格的执行。

其次，各地区应在党中央和国家宏观政策的方向下因地制宜，做到农产品质量安全政策的精准化。农产品质量安全的源头治理，大的方向在于党中央和国家的宏观政策和理念，但各地方的具体实践却不能千篇一律。原因在于各个地方农产品质量安全的实际情况不尽相同，所面临的问题也各不相同，要保证农产品质量安全治理政策的有效性，地方政策的制定就必须更加精准化。基于此，各地方在制定相关政策措施之前，必须厘清影响本地区农产品质量安全的因素主要是哪些、源头治理的难题在哪里，制定政策时才能进一步做到突出重点、区分缓急、量力而行和动态灵活。

8.2.2 现状评估机制

一方面，各地方应做到对农产品质量安全评估的全面深入和实事求是。农产品质量安全要真正实现源头上的治理，就必须找准农产品质量安全问题的源头出于何处，这也正是对农产品质量安全进行评估的意义所在。就当前中国各省份的情况来看，农产品质量安全的现状评估内容还比较单一，多数地方只涉及农产品质量安全的抽查合格率、农药和化肥的投入情况、监管队伍建设等方面，而没有深入评估农产品质量安全的主要短板、潜在风险、源头保障能力等。甚至有些地方政府对农产品质量安全现状评估的结果未全面公布或未真实公布，对于农产品质量安全治理取得的成果大力宣扬，而对农产品质量安全治理中存在的问题和短板视而不见或避而不谈。做到对农产品质量安全评估的全面深入和实事求是，既是落实中央政策的保障，也是实现地方政策精准化的前提。

另一方面，各地方可根据地区实际情况创新农产品质量安全评估模式。当前中国各地区农产品质量安全评估主要以农产品质量安全监管机构评估为主，风险实验室评估为辅。风险评估实验室的建设起步较晚，数量还不多，覆盖度和影响还非常有限。评估模式的单一化，可能导致农产品质量安全的现状和风险评估存在片面或失真的现象。为此，可考虑引入农产品质量安全的第三方评估机构、实行地区间交叉评估，或者借助互联网平台建立农产品质量安全多方评估机制，对农产品质量安全相关信息定期向社会各界公布，创新农产品质量安全多方评估的模式和方法，除政府相关部门、专业评估机构外，鼓励农业生产组织、农业生产者、农产品消费者和社会公众等的广泛参与。

8.2.3 短板攻关机制

党的十九大报告中，“补短板”一词多次重复，涉及民生、经济、社会治理等多个方面，其中明确指出要实施食品安全战略，补齐短板。从本研究第 2 章节的研究结果来看，源头控制是中国农产品质量安全治理的一大短板。补齐农产品质量安全治理的源头短板，则需要各地区因地制宜制定短板攻关的措施。那么该如何因地制宜来制定源头治理的短板攻关机制呢？从实践来看，可从以下两个方面来丰富和完善短板攻关机制：

一是应实行“钉钉子”的治理思维，在治理行动上步步为营，治理内容上逐渐深入。从中国各地区农产品质量安全治理能力的评估结果来看，源头控制是农产品质量安全治理的一大短板，各地方应该牢牢抓住这个短板，做好源头治理持久战的思想准备和制度设计。同时，各地区农产品质量安全的源头治理还应持续深入，做到“顺藤摸瓜”，探索源头治理这一“短板”下的瓶颈所在，做到层层递进，从根本上解决农产品质量安全“治标不治本”的现象。

二是要树立长远思维，要有更宽的视野，从全局上审视农产品质量安全短板环节补齐和攻关的战略。农产品质量安全治理中源头问题是根深蒂固的，从根本上得到解决非一朝一夕的功夫，各地方要立足长远，从基础做起，不应一味追求立竿见影的效果，要重在厚植治理的根基。同时，农产品质量安全的源头问题具备错综复杂的特征，要实现“短板攻关”，还应从全局谋划的角度出发，充分考虑不同群体的利益诉求，兼顾好各方的利益，才能为农产品质量安全的源头治理提供全面的保障，真正做到将短板补齐补牢。

8.3 区域协同促进农产品质量安全源头治理的长效机制

中国地域宽广，农村经济改革进程存在较大的区域差异，各地区产粮目标和农业发展取向存在地区差异和空间关联。因此从理论上来分析，地区间农村土地资源配置、农村劳动力流动、城乡发展差距、农产品价格波动的联动和差异也必然诱导农产品质量安全空间关联关系的形成。本研究运用空间 Durbin 模型对我国农产品质量安全的宏观影响因素进行实证分析，结果表明，城镇化、农业劳动力、城乡收入差距、农产品价格等影响因素均存在明显的空间效应，即上述影响因素会对周边地区的农产品质量安全产生影响。农产品质量安全宏观影响因素存在着显著的空间效应，这便说明中国农产品质量安全的治理不能将各区域独立分割开来，而是应加强区域间的协调合作。考虑区域间农产品质量安全的影响传导机制，可从政策沟通、资源配置和联防联控等方面来构建区域协同治理农产品质量安全源头问题的长效机制。

8.3.1 政策沟通机制

中国经济社会转型发展背景下，农产品质量安全面临着城镇化推进、农业劳动力转移、城乡收入差距扩大、农产品价格波动、农业土地投入减少等方面的严峻挑战，且这些因素会跨区域影响农产品质量安全。此外，为加强农产品质量安全问题的治理，各地区颁布了大量的相关政策，然而在政策的实施中，受制于“行政区”的掣肘，地区间做不到高效的沟通和交流，于是农产品质量安全治理政策之间存在着相互冲突和能效相抵的问题。为解决这些问题，应破除区域间的行政壁垒，加强区域间农产品质量安全治理的协同合作。破除农产品质量安全问题的区域行政壁垒，必须建立区域间的政策沟通机制。

构建区域间农产品质量安全治理的政策沟通机制，须做好以下三个方面的工作：首先，区域间要加强沟通交流。各地区在农产品质量安全问题上面临的实际情况千差万别，所采取的具体政策措施也各不相同，利益诉求也不尽相同，为避免政策实施中的相互冲突和效果抵消，就需要区域间加强经济社会领域，尤其是农产品质量安全治理方面的交流，夯实合作基础。其次，要加强区域间的战略规划。中国农产品质量安全存在显著的空间关联，源头治理不能靠各个地区单打独斗，尤其是处于相似经济社会系统和生态系统的相邻区域，农产品质量安全的源头治理必须加强政策沟通，做好区域农产品质量安全治理的顶层设计。最后，应搭建区域政策沟通的平台。农产品质量安全治理政策具有时效性，区域间的政策沟通更是如此，若不搭建区域间政策沟通平台，难免导致区域间政策沟通存在滞后性和信息不对称性。

8.3.2 资源配置机制

一方面，要促进农业生产要素资源在区域间的自由流动与优化配置。中国农产品质量安全问题的产生，一定程度上是因为经济社会发展转型和农村农业改革背景下农业生产要素资源受到了影响，例如农业劳动力、农用土地等资源的减少。市场经济条件下，解决农业生产要素资源短缺问题的最好办法就是实现资源的跨区域配置。因此，应发挥市场在农业资源配置中的决定性作用，促进农业生产要素跨区域的自由流动与优化配置，当前最重要的突破点还是破除区域间的行政壁垒，以地理边界为基础，促进区域间的农业经济联系，实现区域间农业生产要素资源的自由流动和优化配置，从生产要素资源上保障区域间农业安全生产，为实现农产品质量安全的协同治理奠定基础。

另一方面，应加强区域间农产品质量安全保障性资源的共建共享，优化其战略布局。农产品质量安全保障性资源不同于农业生产要素资源，其特殊性在于稀缺性和政府主导。例如，农业标准化生产技术、农产品质量安全检测、农产品质量安全风险评估等资源，以及培训相关技术人员的资源，都属于农产品质量安全保障性资源。目前，中国区域间这类资源的流动和配置主要依靠政府。加强区域间农产品质量安全源头治理的协作，必须在这类稀缺性资源上“做文章”：一是区域间要进一步推行共建共享的合作理念，合力加强这类资源的科技攻关，全面提升农产品质量安全的保障能力；二是区域间要加强沟通协商，优化这类资源的战略性布局，提升辐射范围和辐射能力，使这类资源在治理区域性农产品质量安全问题中发挥出最大效用。

8.3.3 联防联控机制

通过前面章节的研究可知，中国农产品质量安全治理能力呈现出区域性特征，农产品质量水平呈现出空间关联特征，传统的点源控制模式无法从根本上解决中国的农产品质量安全问题，建立区域联防联控模式迫在眉睫。现阶段，中国农产品质量安全联防联控机制仍处于探索阶段，2012 年我国开始建立区域性农产品质量安全风险评估实验室，但其他相关的配套措施和机制尚未健全。借鉴国内外大气污染区域联防联控机制的建设经验，可从以下几个方面来构建中国农产品质量安全的区域联防联控机制：

一是成立区域性专项组织机构。国外治理区域性问题的手段往往是成立区域联防联控委员会，且该组织凌驾于地区行政单元之上，考虑到我国的国情和农产品质量安全问题的实际情况，不能照搬这种模式。参考长三角区域成立的大气污染防治协作小组办公室，可成立区域农产品质量安全治理协作小组办公室，使其成为区域间农产品质量安全治理的沟通桥梁，推进区域农产品质量安全治理规划的编制。二是成立区域农产品质量安全科学研究中心。安全优质农产品的生产是一个复杂的过程，往往受到产地环境保护类技术、投入品类技术、标准法规类技术、生产过程控制类技术等多方面的影响（李中东，孙焕，2011）。因此，需要加强相关技术的研发和创新，加强对农产品质量安全源头的监测和预警，为区域农产品质量安全源头治理提供技术支撑和决策依据。三是建立健全区域联合执法机制。国家农产品质量安全的相关立法中应重视联防联控机制，鼓励区域间建立农产品质量安全的联合执法制度，提升联合执法力度。四是建立多方参与机制，形成区域农产品质量安全治理的合力。类似于张蓓和文晓巍（2012）所提出的构建多方联动机制，农产品质量安全治理中要改变“监管部门一肩挑、其他部门看热闹”的现象，要进一步加强其他政府部门、社会组织和公众的参与力度，实现群策群力，全方位保障农产品质量安全工作的开展。

8.4 城乡融合驱动农产品质量安全源头治理的长效机制

改革开放以来，中国经济社会发展取得了举世瞩目的成就。在中国特色社会主义进入新时代的背景下，人民日益增长的美好生活需要与不平衡不充分发展之间的矛盾已成为中国社会的主要矛盾。发展不平衡不充分已成为制约中国经济社会发展的重大问题，城乡发展不平衡问题便是其中之一。与此同时，中国农业和农村改革没有从根本上解决农业和农村的协调可持续发展问题，甚至在一定程度上加重了农业用地的短缺、农村劳动力的流失和城乡差距的扩大。正是这些问题的存在，导致中国农产品质量安全风险具有了“制度的逻辑”。因此，治理中国农产品质量安全问题的最终落脚点在于城乡融合发展，必须加大对“三农”的支持力度，加快创新和完善城乡融合发展机制，切实破除城乡二元结构。

8.4.1 收入分配机制

理论分析表明，城乡收入差距的扩大会放大农产品质量安全的源头风险。本研究的省域层面和县域层面的实证研究结果均表明，城乡收入差距的扩大会降低农产品质量安全水平。新中国成立以来，中国城乡收入差距经历了“均等—扩大—缩小—扩大—缩小—缓和”的演变过程（何爱平，李清华，2019）。质量兴农战略背景下，降低农产品质量安全的源头风险势在必行，这便要求我们在提高农民收入，切实有效地缩小城乡收入差距上有所作为，必须根据当前中国社会发展阶段的实际情况来进一步完善城乡收入分配机制。在惠农政策、要素流动、农村剩余劳动力转移等当前政策的基础上，可从以下方面进一步健全城乡收入分配机制：

一是加快构建城乡统一的要素市场，多渠道增加农民收入。要缩小城乡收入差距，促进农民增收才是关键，从国家“输血”转变为自主“造血”才是长久之计，通过相关制度的改革或创新，构建城乡统一的要素市场，加快城乡间要素的有效流动，拓展农民自主“造血”的渠道。二是创新农村金融支持机制，激活发挥农村土地资源的最大价值。乡村振兴战略下，“三农”的发展依然离不开土地资源，土地是农民的“本”、农村的“根”和农业的“源”。要建立缩小城乡收入差距的长效机制，必须借助农村金融服务的创新，激活土地资源，推动农地入市和宅基地的流转。三是加快城乡公共服务均等化，为缩小城乡收入差距提供有力支撑。重点是进一步完善农村医疗、教育、养老等基本公共服务，多方面减轻农民的生产生活负担，切实解决农村居民的后顾之忧。

8.4.2 人才培育机制

乡村振兴战略下，“三农”工作的重点在于人才，“三农”发展的关键还是在于人才。长期以来，城乡二元结构导致中国城乡发展差距明显，进一步导致农村农业人才的大量流失，久而久之形成了“城乡发展差距—人才流失—城乡发展差距再扩大—人才再流失”的恶性循环，“留不住人才”“召不回人才”“引不进人才”成了农村农业发展的一大难题。城乡融合发展战略下，要提高中国农产品质量安全的源头治理能力，关键也在于人才。因此，可从以下两个方面来构建人才回流机制：

一是要制定和实施相关优厚政策，将农村农业发展所需的高素质人才“留下来”“请回来”和“引进来”。城镇化进程中，农村青壮年劳动力大量外出务工，农业生产面临缺少劳动力短缺、尤其是优质劳动力匮乏的情况，很难在生产源头上保障农产品质量安全。制定和实施相关优厚政策，留下满足农业生产的优质劳动力，与转移农业剩余劳动力并不矛盾。农业现代化进程下，农业劳动力的素质比数量更为重要，农产品质量安全问题出现在生产过程中，一定程度上是因为农业劳动力素质不高，对农业生产过程中的知识、技术掌握不足，制约了农业标准化生产和高质量发展。所以，还应想办法将外流的人才“请回来”，把外地的人才“引进来”。二是要加快完善新型职业农民培训机制，促进劳动力资源在更大范围内的优化配置。2017 年“两会”期间，习近平总书记指出，“要就地培养更多爱农业、懂技术、善经营的新型职业农民”。同年，农业部发布了《“十三五”全国新型职业农民培育发展规划》，其中提出全国新型职业农民人数在 2020 年达到 2000 万人的目标。新时代赋予了新型职业农民特殊的使命，他们将承担起保障中国农产品有效供给和农产品质量安全的担子。

8.4.3 产业融合机制

城乡二元格局催生了传统的二元产业制度，城乡农业产业化过程中形成了地理区域割裂。这种地理区域割裂表现为：一是农业生产与消费割裂，城乡之间出现供需矛盾；二是产业链上农产品生产、加工与销售脱节，供需之间无法形成有效对接；三是整个价值链中产中与产后环节的收益脱节，农产品生产者处于价值链的最底层。正是这些因素构成了农业现代化发展的制度结构性困境，也为农产品质量安全隐患埋下了种子。市场经济条件下，要从制度逻辑上破除城乡产业割裂从源头上带给农产品质量安全的隐患，只有探索创新城乡产业融合机制，促进城乡产业融合发展。主要措施包括以下几个方面：

首先，大力推进促进一二三产业融合发展。要妥善解决第一产业发展转型过程中的分流和就业问题，以及一二产业之间有效供给和有效需求的对接问题。其次，加快农产品加工业的发展，优化农产品加工企业的战略布局。供应链视角下，加工风险对农产品质量安全风险的影响最大（周三元，2013）。所以要以农产品加工业为城乡产业之间的桥梁，解决农业发展中小农与大市场、安全优质农产品需求与低质供给等多组矛盾，解决城乡消费信息不对称问题，提高农产品附加值，完善产业链，增加农民收入，降低农产品质量安全的源头风险。最后，借助互联网平台和乡村旅游热契机，推进农产品加工业与电商、旅游的融合发展。这种模式能有效整合农产品生产、销售和消费环节，有助于优化农业产业结构，规范农业生产和经营，利于优质农产品品牌的培育，实现“产”“管”并举和农产品质量安全的可追溯，为农业高质量发展提供了动力源。

8.5 本章小结

基于前文理论分析、实证研究和国外经验梳理的结论与启示，本章从总体布局、因地制宜、区域协同、城乡统筹四个方面构建了宏观视角下中国农产品质量安全源头治理的长效机制。其中总体布局谋划农产品质量安全源头治理的长效机制包括精准立法机制、动态监管机制和全面保障机制；因地制宜落实农产品质量安全源头治理的长效机制包括政策落实机制、现状评估机制和短板攻关机制；区域协同促进农产品质量安全源头治理的机制包括政策沟通机制、资源配置机制和联防联控机制；城乡融合驱动农产品质量安全源头治理的长效机制包括收入分配机制、人才培育机制和产业融合机制。

第 9 章　研究结论与政策建议

本研究从现实出发，在梳理分析中国农产品质量安全政策现状、实施效果和问题的基础上，构建中国农产品质量安全治理能力评价指标体系，评估了中国各地区的农产品质量安全综合治理能力。基于农业生产资料投入和安全优质农产品产出的视角构建了中国农产品质量安全评价指标体系，度量了各地区农产品质量安全水平及其区域差异程度。然后立足中国经济社会发展转型的现实背景，通过博弈理论模型分析了中国农产品质量安全的宏观影响因素。在此基础上，首先从空间关联视角对中国省域层面农产品质量安全的宏观影响因素进行实证分析，然后从县域层面对中国农产品质量安全的宏观影响因素作了进一步的实证检验。随后通过相关文献和资料，系统梳理和总结了国外农产品质量安全宏观防控与源头治理的经验，最后构建了新时代下中国农产品质量安全宏观防控与源头治理的长效机制。本研究得出的研究结论与政策建议如下所示。

9.1 研究结论

1. 中国农产品质量安全治理政策正逐渐完善，政策实施效果显著，但仍存在不容忽视的问题。中国农产品质量安全治理政策体系目前涵盖立法层面、生产供给体系层面、质量标准与认证体系层面、质量检测与监督体系层面、风险评估与预警体系层面。“十三五”期间，中国农产品质量安全治理体系建设取得重大进展：一是农业标准化生产取得突破性进展，2017 年中国绿色食品原料生产基地达 678 个，规模达 16387.4 万亩，产量为 10673.2 万吨，带动农户数为 2097 万户；二是农产品质量安全标准进一步健全，2017 年年底中国农药残留限量标准共计 5450 项，兽药残留限量标准共计 2087 项，制定发布农业行业标准共计 5704 项；三是农产品质量安全检测和风险评估能力进一步提升，2017 年成立了首批 10 家国家农业检测基准实验室，农产品质量安全风险评估实验室和实验站数量合计达 253 个。农产品质量安全治理政策效果显著，2013–2017 年间，中国农产品总体抽查合格率均稳定在 96% 的水平以上，2017 年农产品总体抽查合格率为 97.8%，创历史新高。但是，中国农产品质量安全治理政策仍然存在不容忽视的问题，治理政策依然停留在“头痛医头、脚痛医脚”层面，相关政策安排缺乏系统性，制度设计上缺乏“系统思维”和“治本理念”。

2. 中国农产品质量安全综合治理能力整体水平还比较低，地区间综合治理能力差异明显，源头控制和监管追溯是农产品质量安全治理的两大短板。本研究从源头控制、标准化生产、品牌培育、风险防控和监管追溯等方面构建了农产品质量安全治理评价指标体系，然后运用多指标综合评价模型对中国各地区 2017 年农产品质量安全治理能力进行了评价。从评价结果来看，一方面，中国农产品质量安全综合治理能力整体水平较低。从全国的得分来看，2017 年中国农产品质量安全综合治理得分均值为 54.07；从各省份的得分来看，农产品质量安全综合治理能力得分超过 70 的仅有北京、上海和天津等三个省份，而得分低于 50 的省份多达 12 个。另一方面，中国农产品质量安全治理能力存在明显的区域非均衡发展态势。一是东部地区的农产品质量安全治理能力要明显高于中部地区和西部地区；二是省份间农产品质量安全治理能力存在显著的差异。此外，从全国农产品质量安全治理分指数得分的均值来看，源头控制、监管追溯的平均得分分别为 9.55 和 9.19，一定程度上拉低了农产品质量安全综合治理能力，说明当前中国农产品质量安全治理面临的两个主要短板是源头控制和监管追溯。

3. 2008–2017 年，中国农产品质量安全水平整体呈上升趋势，但同时存在显著的区域差异，农产品质量安全治理形势仍然严峻。2008–2017

年，中国单位面积农药施用量得到了有效控制，但化肥和农膜施用量持续增长，同时安全优质农产品品牌建设取得重大进展。本研究基于生产要素投入和安全优质农产品产出的视角构建中国农产品质量安全评价指标体系，然后运用因子分析方法对中国各地区 2008–2017 年的农产品质量安全水平进行测度，发现中国农产品质量安全水平总体呈波动上升趋势。2008–2017 年间，全国农产品质量安全水平综合得分均值从 –0.09 波动上升到 –0.02。但与此同时，中国农产品质量安全水平形势仍然严峻，原因在于中国农产品质量安全水平存在显著的区域差异。从省际农产品质量安全水平泰尔指数和基尼系数的度量结果来看，2014 年后这两个指标均呈上升的趋势，其中基尼系数更是稳定在 0.4 的水平以上，表明中国农产品质量安全是存在显著省际差异的。从三大区域农产品质量安全水平泰尔指数的分解结果来看，农产品质量安全水平的区域内差距显著大于区域间差距，2008–2017 年区域内差异占比均值为 90.58%，说明中国三大区域农产品质量安全水平的区域内差异在总体差异中占据绝对主导地位。总而言之，近年来中国农产品质量安全水平整体趋势良好，但同时存在显著的区域差异，全面提升农产品质量水平的形势仍然严峻，创新农产品质量安全防控政策和治理机制迫在眉睫。

4. 从经济社会发展转型的角度来看，威胁中国农产品质量安全的主要宏观因素包括城镇化进程、农业劳动力流失、城乡收入差距扩大、农业土地投入减少。1978 年以来，中国经济社会发展转型的四个阶段对农村改革和农业发展产生了重大的影响，从农产品生产函数的博弈分析结果来看，农村改革和农业发展转型中伴随的城镇化进程加速、农业劳动力流失、城乡收入差距扩大、农业土地投入减少和农产品价格波动等是影响农产品质量安全的主要宏观因素。空间 Durbin 模型实证结果显示：城镇化水平（URBAN）的回归系数为 –0.4674，在 5% 的显著水平上通过检验，说明传统城镇化水平越高，农产品质量安全水平就越低，这也印证了推进新型城镇化的重要性。农业从业人员占比（LABOR）的回归系数为 0.4942，并在 1% 的显著水平上通过检验，说明农业从业人员所占的比例越高，农业劳动力未大规模向城市地区和工业转移，农业生产过程中过度施用农药、化肥和农膜的可能越小，农产品质量安全水平就越高。城乡收入差距（GAP）的回归系数为 –0.7728，在 1% 的显著水平上通过检验，说明城乡收入差距越大，在农村的农业生产者的相对收入越低，则其铤而走险选择生产“问题农产品”的可能性就越大，农产品质量安全水平就越低。人均播种面积（SOW）的回归系数为 0.1043，在 5% 的显著水平上通过检验，说明在农业生产过程中土地相对宽裕、投入量越多，那么过度施用农药、化肥和农膜的可能性越小，则农产品质量安全水平更有保障。

5. 中国各地区农产品质量安全具有显著的空间溢出效应，多种因素共同作用下导致农产品质量安全呈现空间关联特征。空间 Durbin 模型实证结果显示：ρ 值为 0.1647，且在 5% 的显著水平上通过检验，表明农产品质量安全存在显著的空间溢出效应，即本地区农产品质量安全水平的提高，会显著提高相邻地区的农产品质量安全水平。从各影响因素的空间效应来看，W.URBAN 的回归系数为 1.6852，并在 1% 的显著水平上通过检验，说明本地区的城镇化水平具有空间溢出效应。W.LABOR 的回归系数 –0.8556，在 5% 的显著水平上通过检验，说明本地区农业从业人员越多，会降低周边地区农产品质量安全水平。W.GAP 的回归系数为 1.9315，并在 1% 的显著水平上通过检验，说明本地区城乡收入差距与周边地区农产品质量安全水平呈正相关关系，其原因在于城乡收入差距扩大会导致本地区农业劳动力向周边地区流动，从而周边地区农业从业人员得到补充，进而提高农产品质量安全水平。W.PPI 的回归系数为 0.7921，且在 5% 的显著水平上通过检验，说明本地区农产品价格提高会改善相邻地区的农产品质量安全，其原因在于本地区的农产品价格高是相对邻近地区而言的，邻近地区的农产品价格相对较低，则会弱化相邻地区农业生产者的趋利动机，降低相邻地区农产品质量风险。

6. 国家农产品质量安全县创建背景下，中国农产品质量安全基层治理能力显著提升，但区域差异较大。“国家农产品质量安全县”在中国农产品质量安全的基层治理中发挥了积极的示范和带动作用，进一步落实了农产品质量安全的属地管理责任，探索建立了有效的监管模式，以点带面，有效提升了中国农产品质量安全基层治理能力。但就全国各地区“国家农产品质量安全县”的创建情况来看，还存在明显的区域差异。一是省际间存在着显著差异。从创建数量来看，目前拥有“国家农产品质量安县”最多的是山东，数量为 18 个，而数量最少的为西藏，农产品质量安全县数量仅 3 个；从创建比例来看，北京、天津和上海的创建比例最高，均为 25%，而西藏的创建比例最低，仅为 4.05%。二是东部、中部、西部三大区域间存在着显著差异。从创建数量来看，东部地区的农产品质量安全县数量为 114 个，占全国总数的 37.62%，西部地区和中部地区的农产品质量安全县数量分别为 93 个和 96 个，分别占全国的 30.70% 和 31.68%。从各地区农产品质量安全县的创建比例来看，三个地区中最高的是东部地区的 13.13%，其次是中部地区的 10.41%，最后是西部地区的 8.81%。三个地区中只有东部地区的创建比例超过了全国 10.63% 的水平，中部地区的创建比例略低于全国水平，而西部地区的创建比例远远低于全国水平，与中部地区和东部地区的差距十分明显。此外，从全国的情况来看，截至 2017 年底共创建“国家农产品质量安全县”303 个，创建比例为 10.63%，发挥的示范和辐射带动作用还十分有限，中国农产品质量安全的源头治理任重而道远。

7. 县域视角下，农产品质量安全的主要影响因素包括城镇化进程、城乡收入差距、农业土地投入和地区经济发展水平。本研究基于“国家农产品质量安全县”创建的视角构建了 Probit 二元选择模型，其实证结果显示：城镇化水平（URBAN）变量的系数估计值为 -0.1708，且在 10% 的显著水平上通过检验，说明县域城镇化水平与农产品质量安全水平呈负相关关系。农业从业人员占比（LABOR）变量的系数估计值为 0.0509，说明县域农业从业人员占比与农产品质量安全水平呈正相关关系，但并不显著。城乡收入差距（GAP）变量的系数估计值为 –0.1916，且在 5% 的显著水平上通过检验，说明县域城乡收入差距与农产品质量安全水平呈负相关关系。人均机收面积（REAP）变量的系数估计值为 0.0842，且在 5% 的显著水平上通过检验，表明县域人均机收面积与农产品质量安全水平呈正相关关系。人均地区生产总值（GDP）变量的系数估计值为 0.2898，且该系数估计值在 1% 的显著水平上通过检验，表明人均地区生产总值与县域农产品质量安全呈正相关关系。上述实证结果不仅进一步从县域层面证实了城镇化、城乡收入差距和农业土地投入等因素对中国农产品质量安全的影响路径，也进一步拓展并证实了县域地区经济发展水平对农产品质量安全水平起正向促进作用。基于县域层面对农产品质量安全宏观影响因素的进一步检验，为中国农产品质量安全宏观防控与源头治理的机制设计提供了更有力的支撑和依据。

8. 新时期下，构建农产品质量安全宏观防控与源头治理的长效机制是保障中国农产品质量安全的必然选择。长期以来，中国农产品质量安全的治理政策停留在“头痛医头、脚痛医脚”层面，相关政策安排缺乏系统性，制度设计上缺乏“系统思维”和“治本理念”。农产品质量安全治理能力评估结果显示，源头控制也正是中国农产品质量安全保障的一大短板。经济社会发展转型背景下，中国农产品质量安全受城镇化、农业劳动力流动、城乡收入差距、农业土地投入、农产品价格等多种因素的影响，且呈现出空间关联特征。从国外经验来看，农产品质量安全的治理必须做到宏观防控与源头治理的有机结合。基于此，构建农产品质量安全宏观防控与源头治理的长效机制成为中国在新时期下实施农产品质量安全保障工程的必然选择。具体来看，应从总体布局、因地制宜、区域协同、城乡融合等四个层面来构建中国农产品质量安全宏观防控与源头治理的长效机制。其中，为了通过总体布局谋划农产品质量安全宏观防控的长效机制，应构建精准立法机制、动态监管机制和全面保障机制；为了通过因地制宜落实农产品质量安全源头治理的长效机制，应构建政策落实机制、现状评估机制和短板攻关机制；为了通过区域协同促进农产品质量安全源头治理的长效机制，应构建政策沟通机制、资源配置机制和联防联控机制；为了通过城乡融合驱动农产品质量安全源头治理的长效机制，应构建收入分配机制、人才培育机制和产业融合机制。

9.2 政策建议

9.2.1 加快城乡融合发展，提高新型城镇化质量

（1）健全城乡一体化发展长效机制。一是要加强城乡一体化发展规划。完善县域村镇和镇、乡、村的建设规划，促进城镇空间布局的优化。科学规划城乡生态、住宅、建设等用地的规划，提高土地资源利用效率。重点解决城乡基础设施配套不均衡、功能布局不合理的问题，做好城乡基础设施建设的统筹规划，实现城乡基础设施共建共享、互联互通、衔接互补的良好格局。二是进一步完善协同工作机制，调动各方主体积极参与。首先要消除政策障碍，推动资金、技术、人才等要素向农村农业流动；其次是建立健全奖惩机制，鼓励各类企业积极参与城乡统筹发展，调动城乡居民参与城乡统筹建设的主动性和积极性。三是坚持政府推动和市场主导相结合。政府应增加对“三农”的财政投入力度，发挥政府投资的引领带动作用，同时在资金项目安排、涉农补贴等方面对市场主体实行无差别政策，以多元化投资格局促进城乡统筹建设。四是发展壮大农村集体经济，为城乡一体化发展装上“加速器”。依托城市资金、技术、人才等要素，加快培育集体农庄、家庭农场等新型农业经营主体，通过适度规模化、组

织化来提高农业现代化水平。

（2）加快推进农村一二三产业的融合发展。在乡村振兴战略的实行下，中国城乡融合发展的关键在产业，重点是要推进农村一二三产业的融合发展。首先是要建立紧密的利益联结机制，鼓励农户与各类农业企业建立利益共享、风险共担的长效合作机制。政府惠农政策的实施要充分考虑到利益联结机制，在保障农民利益的前提下促进农村集体经济的发展壮大。其次是要做到“大小共抓”，产业融合发展离不开对产业融合发展主体的培育，在这个过程中既要加大力度培育带动能力强、产业链条长的大型农村、合作社或企业，又要充分考虑到小农户的利益，要鼓励其参与产业融合发展的主动性和积极性，不能让小农户在产业融合发展中掉队。

（3）协调推进农业现代化与新型城镇化。一是要树立新的城镇化理念，要充分考虑地区资源环境的承载能力，重视城镇化的综合效益和发展可持续性，以高质量的城镇化带动农业现代化。二是要合理规划配置农村土地资源。在明确土地产权的前提下促进土地资源的优化配置和流动，同时要加强城镇化过程中的耕地保护，防止农业用地被逐渐吞噬，要加强对农业产地环境的保护，城镇化的发展不能以牺牲“三农”的可持续发展为代价。

9.2.2 培育新型职业农民，推进人才强农战略

（1）加大力度治理农村“空心化”，保障农业生产所需的劳动力。城镇化进程中，在转移农村劳动力的同时，要防止因农村人口的过度转移而导致“农村空心化”的出现。一是要继续加大对“三农”的财政投入力度，加快完善农村农业基础设施建设，改善农民生产生活条件，为青壮年劳动力留在农村农业发展提供硬件支撑。二是加快完善农村就业创业政策机制，鼓励有热情有技能的年轻人留在农村就业创业，鼓励外出务工的农民工返乡就业和创业，为农村农业发展注入新鲜的血液。三是要根据地区

资源禀赋发展特色产业，引进和培育农业技术人才和经营管理人才，以产业的兴旺促进农民收入增长，带动农村地区经济社会的健康发展，从根本上和长远上治理农村“空心化”现象。

（2）强化农村干部队伍和农业队伍，加快农业由增产导向向提质导向的理念转变。实施质量兴农战略，必须加强基层队伍的建设。一是要继续鼓励大学生回乡下乡担任“村官”，为基层干部队伍注入新鲜血液，进一步贯彻和落实国家质量兴农战略和乡村振兴战略的政策部署，带领乡村产业的发展。二是要提高农业队伍的素质，普及农业由增产导向转向提质导向理念，从生产环节保障农产品质量安全。三是要加大基层反腐力度，对于农村改革和农业发展转型中贪污腐败、不作为的基层干部，要加大清查和处罚力度。

（3）加快培育新型职业农民，为农产品供给和质量安全提供人才战略支撑。一是要培养农村农业发展的“后继者”，加大对各地涉农院校的支持，鼓励适龄学生就读涉农专业，构建和完善农业职业教育体系。二是全面推进“新型职业农民学历提升工程”，创新培育模式和管理制度，促进“农科教”结合，提升农业从业者受教育水平，提高务农人员的综合素质。三是加快推进“智慧农民信息化”工程，加快建设培育新型职业农民的国家级平台，推广“互联网 + 农业”的在线培训模式，建立覆盖主要农作物、农产品、机械装备等方面的教学资源库，加快开发基于大数据、农业物联网、云计算等的技术开发，为新型职业农民的培育提供有力的支撑。

9.2.3 革新利益交换机制，缩小城乡收入差距

（1）改进农业补贴政策，使其更加精准化、精细化。一方面，要提高补贴政策在宏观层面上的指导性和精确性，就补贴内容和方向来看，可重点补贴农业主产区、绿色生态、农民收入、适度规模经营等方面。另一方面，要提高补贴政策微观层面的精准化和精细化程度，例如针对性地提

高农民收入的各种补贴，在保障农产品价格稳定的同时应改革和完善补贴政策，给予农民更多的直接补贴，让农业生产者得到更多真正的实惠。此外，可根据实际情况创新补贴方式，推进农业保险间接补贴等方式，以此转变农业风险管理的模式。

（2）创新农业生产要素流动机制，使其成为农民增收的新渠道。一是健全土地流转制度，要继续稳定农村土地承包关系，赋予土地承包者处置承包土地经营权的权利，改革完善宅基地、农村集体经营建设用地、土地征收等管理制度，破除城乡同地不同权、不同价的扭曲现象，加速推进农村土地的市场化、资产化程度，促进农民收入增长。二是完善劳动力流动机制，在保障农业生产所需劳动力的基础上加快转移农村农业剩余劳动力，要促进城乡平等就业，破除农民工进城就业的歧视政策，加强对外出务工农民的权益保护，妥善解决农民工就业、就医、子女上学、工资拖欠、工伤保险等方面的难题。

（3）建立健全相关保障机制，为缩小城乡收入差距提供全方位支撑。一是加快推进户籍制度改革，破除城乡二元户籍制度，以居住、就业、缴纳社保等为条件，降低农民工尤其是新生代农民工进城落户的门槛。二是创新农村金融服务机制。首先要破除长期以来金融机构在农村农业“抽血”、去城市工业“输血”的行为，要变金融机构为农村农业发展的“输血者”和“造血者”；其次是要进一步创新农村金融服务体系，完善激励约束机制，推动金融资源向“三农”倾斜。现阶段，创新“三农”抵押贷款机制尤为关键，要鼓励支持涉农担保公司、政策性银行、商业银行、小额贷款公司等涉农金融机构和地方政府、农业合作组织的沟通合作，充分发挥其在农村金融服务创新中的主体地位和重要作用。

9.2.4 完善供销保障机制，稳定农产品市场价格

（1）实施“抓重点 + 防风险”的策略，保障农产品生产供应。一是农

产品生产要抓重点领域，要重点抓好关系到人民群众生活质量的农产品的生产供应。就我国实际情况来看，重点就是要抓好重要“菜篮子”产品和粮油糖棉的生产，夯实农产品市场稳定的基础。二是加大农产品生产的风险防控力度。要培育农业从业人员的风险意识，加快建设农业风险防控的硬件设施，完善农业补贴政策和农业保险政策，避免农产品生产供应因灾害天气、动植物疫情等突发因素而受到重大冲击。

（2）加快农产品产销对接渠道建设，提升产销对接效率。一是加快农村地区交通基础设施建设，尤其是偏远贫困地区，要解决农产品产销对接的“最后一公里”难题。二是要加快农产品仓储保鲜冷链物流设施的建设和普及，解决生鲜农产品运输环节的难题。三是实施“互联网+”农产品出村进城工程，搭建农村电商平台，创新“农超对接”“农校对接”“农企对接”等多种农产品产销对接模式，提升农产品产销对接效率。

（3）完善宏观调控制度，使农产品价格波动在合理范围内。一是加强对农产品市场的监测预警，做到信息发布的准确性、及时性和有效性，前置引导农产品市场的供需平衡。二是积极主动利用国内国际两个市场、两个资源，对于不同农产品可采取分级调控措施，增加调控政策的灵活性和时效性。三是进一步完善农产品进出口、储备等市场调控制度，稳定农产品市场价格。

9.2.5 加强耕地保护力度，保障农业土地投入

（1）坚守农村耕地红线。一是各地区要将坚守耕地红线的国家政策层层落实，最终落实到村、户，根据不同的实际情况，对坡度过大、土壤贫瘠、生态破坏严重的耕地实行退耕还林，同时确保优质耕地数量得到保障，保障农业生产。二是乡镇可设立耕地保障工作小组，委派工作人员进村驻村，宣传国家耕地保护制度和相关政策措施，与乡村基层干部一起坚守农村耕地红线。三是要协调农村“空心化”治理，解决土地闲置的问

题，尤其是我国西部地区，守住耕地红线就必须解决可用耕地被大面积抛荒的问题。

（2）坚守农业生态红线。农业生态与农产品质量安全、农业高质量发展息息相关。一是要在坚守生态红线的基础上去保障耕地数量，中国农业由增产导向转向提质导向的背景下，农业生态安全应放在第一位，所以不能单独将耕地红线作为耕地保护的唯一任务，更不能一味追求耕地数量而不管耕地质量。二是要加强基层农业生态保护的宣传、监测和治理力度，发挥基层干部的一线监督管理职能，加大对随意垦荒、砍伐森林、滥用农药化肥、秸秆焚烧等破坏农业生态行为的监管处罚力度。

（3）创新农村农业用地政策。一是可将农业种养殖的各类配套设施用地纳入农用地管理范围，允许将耕地作为农业设施用地，合理制定其用地规模上限，为农业产业发展所需的辅助设施提供落地条件。二是建设用地指标应更多地向“三农”倾斜，促进乡村产业的合理布局和壮大发展。三是创新农村集体用地的使用形式，可通过租用、入股等方式直接将集体用地用于乡村产业的发展，多渠道多形式盘活农村土地资源，破除农村土地“自己用不上、用不好”的困境，保障农业土地要素投入。

9.2.6 加速破除行政壁垒，形成区域治理合力

（1）区域间尤其是相邻地区要加强政策沟通。一是就农产品质量安全问题加强沟通交流，避免政策实施过程中的相互冲突和效果抵消；二是加强区域间农产品质量安全治理的规划合作，尤其是经济社会系统和生态系统相邻相似的区域；三是搭建区域间政策沟通平台，为农产品质量安全治理政策沟通提供平台支撑。

（2）促进区域间相关资源要素的流动和优化配置。一是要促进农业物资、劳动力、技术设备等在区域间的流动，为农产品安全生产奠定资源要素条件；二是要以市场调节为主，政府适当干预为辅，引导土地资源在区

域间向生态环境友好、经济效益良好、农产品质量安全有保障的农业经营主体流动。三是树立区域间农产品质量安全保障性资源共建共享的理念，通过合作加快科技攻关，提高区域间农产品质量安全的保障能力，优化保障性资源的空间布局。

（3）构建农产品质量安全的区域联防联控机制。一是可成立区域性专项组织机构，就中国实际情况来看，可成立区域性农产品质量安全治理协作小组办公室，为区域间农产品质量安全治理合力的形成搭建桥梁；二是可成立区域性的农产品质量安全科学研究中心，加强同一生态系统内农产品质量安全产地环境源头治理的技术攻关；三是建立健全区域联合执法机制，提高农产品质量安全监管执法的系统性；四是构建区域农产品质量安全治理的多方参与机制，鼓励支持和引导其他政府部门、企业、公众等的广泛参与，合力打造农产品质量安全社会治理新格局。

参考文献

[1] Anne Wilcock, Maria PunJ, oseph Khanona, and May Aung, 2004, "Consumer attitudes, knowledge and behaviour: a review of food safety", Trends in Food Science & Technology, Vol.15, No.2 (February): 56–66.

[2] Antle, J. M., Stoorvogel. J. J, 2008., "Tradeoff assessment as a quantitative approach to agricultural/environmental policy analysis", Advances in Farming Systems Analyses.

[3] Bavorova, M., Hirschauer, N., Martino, G. 2014, "Food safety and network governance structure of the agri–food system", European Journal of Law and Economics, 37 (1): 1–11.

[4] Bisbis M B, Gruda N, Blanke M., 2018, "Potential impacts of climate change on vegetable production and product quality - A review", Journal of cleaner production, 170: 1602–1620.

[5] Caswell, Julie A., 1992, "Current information levels on food labels", American Journal of Agricultural Economics, 74 (5): 1196.

[6] D.A.Hennessy, J.Roosen, and J.A. Miranowski, 2001, "Leadership and the Provision of Safe Food", Amercian Journal of Agriculture Economics, 83 (4): 862–874.

[7] E.Holleran, M.E.Bredahl, L.Zaibet, 1999, "Private incentives for a adopting food safety and quality assurance", Food Policy, 24: 20–25.

[8] Gijs A. Kleter, Hans J.P. Marvin, 2009, "Indicators of emerging hazards and risks to food safety", Food and Chemical Toxicology, 49: 1022–1039.

[9] Hudson D., 2001, "Using Experimental Economics to Gain Perspective on Producer Contracting Behavior: Data Needsand Experimental Design, Paper presented at the 78th EAAE Seminar and NJF Seminar 330, Economics of Contractsin Agriculture and the Food Supply Chain, Copen–hagen, 15–16.

[10] J. Unnevehr, H.H. Jensen, 1996, "HACCP as a regulatory innovation to improve food safety in the meat industry", American Journal of Agricultural Economics, 78 (3): 764–769.

[11] Jacques Trienekens, Peter Zuurbier, 2008, "Quality and safety standards in the

food industry, developments and challenges" , International Journal of Production Economics, 5: 107–122.

[12] Jespersen.L., Huffman. R., 2014, "Building food safety into the company culture: a look at Maple Leaf Foods" , Perspectives in Public Health, 134 (4): 200–205.

[13] Jiehong Zhou, Jensen H. Helen, Jing Liang, 2011, "Implementation of food safety and quality standards: A case study of vegetable processing industry in Zhejiang, China" , The Social Science Journal, 48: 543–552.

[14] John M. Antle, 1995, "Choice and Efficiency in Food Safety Policy" , AEI Press, 66–89.

[15] Julie A. Caswell, Mary E. Bredahl, Neal H. Hooker, 1998, "How Quality Management metasystems are affecting the Food Industry Applied Economic" , Perspective and Policy, 20 (2): 547–557.

[16] Khaled D, Novas N, Gazquez J, 2015, " Fruit and vegetable quality assessment via dielectric sensing" , Sensors, 15 (7): 15363–15397.

[17] Klementina Kirezieva, Liesbeth Jacxsens, Mieke Uyttendaele, Martinus A.J.S. Van Boekel, Pieternel A. Luning, 2013, "Assessment of Food Safety Management Systems in the global fresh produce chain" , Food Research International, 52 (1): 230–242.

[18] L Jacxsens, M Uyttendaele, F Devlieghere, J Rovira, S Oses Gomez, P A Luning, 2010, "Food safety performance indicators to benchmark food safety output of food safety management systems" , International journal of food microbiology, 141: 180–187.

[19] LeSage, J. and Pace, K.R, 2009, "Introduction to Spatial Econometrics" , Chapman and Hall/CRC, London.

[20] Marsden T, Flynn A, Harrison M, 1999, "Consuming Interests: The Social and Quality Assurance" , Food Policy, 24 (6): 669–683.

[21] Maz é , A.Polin S, Raynaud E, Sauv é e L.Valces–chini E, 2001, "Quality Signals and Governance Structures within European Agro–food Chains: A New Institutional Economics Approach" , Paper presented at the 78th EAAE Seminar and NJF Seminar 330, Economics of Contractsin Agriculture and the Food Supply Chain, Copen–hagen, 15–16.

[22] Meizhang, xiangyu Guo, 2010, "Study on Functions of the Agriculture Cooperative in Food Safety" , Agriculture and Agricultural Science Procedia, 1: 477–482.

[23] Mendoza J R, Rodas A, Oliva A, 2018, "Safety and quality assessment of smallholder farmers' maize in the western highlands of Guatemala" , Journal of food protection, 81 (5): 776–784.

[24] Nhuong Tran, 2013, "Governance of Global Value Chains in Response to Food Safety

and Certification Standards: The Case of Shrimp from Vietnam", World Development, 45: 325 - 336.

[25] Owusu-Sekyere E., Owusu V., Jordaan H., 2014, "Consumer preferences and willingness to pay for beef food safety assurance labels in the Kumasi Metropolis and Sunyani Municipality of Ghana", Food Control, 46: 152-159.

[26] P. Karipidisa, K. Athanassiadisb, S. Aggelopoulosa, and E. Giompliakis, 2009, "Factors affecting the adoption of quality assurance systems in small food enterprises", Food Control, 2: 93-98.

[27] Pieternel A. Luning, Willem J. Marcelis, 2009, "A food quality management research methodology integrating technological and managerial theories Trends", Food Science & Technology, 1: 35-44.

[28] S.R. Crutchfield, J.C. Buzby, T. Roberts, M. Ollinger, C.-T.J. Lin, 1997, "An Economic Assessment of Food Safety Regulations: The New Approach to Meat and Poultry Inspection Economic Research Service", US Department of Agriculture, Washington, DC.

[29] Shaosheng Jin, Jiehong Zhou, 2011, "Adoption of food safety and quality standards by China' s agricultural cooperatives", Food Control, 22: 20-208.

[30] Tim A. Hogg, Jos é A. Couto, Paula Teixeira, and F. Xavier Malcata, 2008, "Building on scientific excellence via sharing of scientific expertise — The case study of food safety", Trends in Food Science & Technology, 19: 9-13.

[31] Variyam J N, James B, David S., 1996, "Modeling nutrition knowledge, attitudes, and diet-disease aweareness: The case of dietary fiber", Statistics in Medicine, 15 (1): 23-35.

[32] Weaver, R.D., Kim.T, 2001, "Contracting for Quality in Supply Chains", Paper presented at the 78th EAAE Seminar and NJF Seminar 330, Economics of Contractsin Agriculture and the Food Supply Chain, Copen-hagen, 15-16.

[33] Xiong Ying, Luo Min, 2011, "Research on Farmers' Production Willingness of Safe Agricultural Products and Its Influence Factors: An Empirical Analysis in China", Energy Procedia, 5: 53-58.

[34] 边红彪. 日本农产品质量安全保障体系 [J]. 标准科学，2017 (10): 33-37.

[35] 陈诚. 农产品质量安全导向的耕地质量评价及在城市开发边界划定中的应用——以南通市为例 [J]. 地理研究，2016，35 (12): 2273-2282.

[36] 陈俊科，庞琢. 国外蔬菜农药残留污染现状及质量安全管理工作进展 [J]. 内蒙古农业大学学报，2007 (28).

[37] 陈坤秋，王良健，李宁慧. 中国县域农村人口空心化——内涵、格局与机理 [J].

人口与经济，2018（01）：28–37.
[38] 陈丽华，张卫国，田逸飘. 农户参与农产品质量安全可追溯体系的行为决策研究——基于重庆市 214 个蔬菜种植农户的调查数据 [J]. 农村经济，2016（10）：106–113.
[39] 陈梅，茅宁. 不确定性、质量安全与食用农产品战略性原料投资治理模式选择——基于中国乳制品企业的调查研究 [J]. 管理世界，2015（06）：125–140.
[40] 陈萌山. 推动农业科技加快发展 提高农产品供给保障能力 [J]. 农业技术与装备，2012（04）：9–10.
[41] 陈锡文. 当前农业和农村经济形势与“三农”面临的挑战 [J]. 中国农村经济，2010（01）：4–9.
[42] 陈锡文. 工业化、城镇化要为解决“三农”问题做出更大贡献 [J]. 经济研究，2011，46（10）：8–10.
[43] 陈锡文. 我国城镇化进程中的“三农”问题 [J]. 国家行政学院学报，2012（06）：4–11+78.
[44] 陈锡文. 中国解决粮食问题要有全球视野 [J]. 中国乡村发现，2012（04）：1–4.
[45] 陈晓华. 持续发展“三品一标”，努力确保农产品质量安全 [J]. 农产品质量与安全，2010（03）：5–8.
[46] 陈彦彦. 论政府在农产品质量安全监管中的职能定位 [J]. 中国行政管理，2008（06）：79–81.
[47] 成升魁，徐增让，谢高地，甄霖，王灵恩，郭金花，侯鹏，何中虎. 中国粮食安全百年变化历程 [J]. 农学学报，2018，8（01）：186–192.
[48] 城镇化进程中农村劳动力转移问题研究课题组，张红宇. 城镇化进程中农村劳动力转移：战略抉择和政策思路 [J]. 中国农村经济，2011（06）：4–14+25.
[49] 程杰贤，郑少锋. 政府规制对农户生产行为的影响——基于区域品牌农产品质量安全视角 [J]. 西北农林科技大学学报（社会科学版），2018，18（02）：115–122.
[50] 邓小云. 新型城镇化进程中的隐性环境问题及其治理对策 [J]. 中州学刊，2016（02）：79–83.
[51] 丁文雅. 农产品质量与产地环境的关系研究 [J]. 科技信息，2008（10）.
[52] 豆勇超. 乡村振兴战略视野下农村“空心化”及其治理 [J]. 云南农业大学学报（社会科学），2020，14（01）：7–11.
[53] 樊红平，牟少飞，叶志华. 美国农产品质量安全认证体系及对中国的启示 [J]. 世界农业，2007（9）：41.
[54] 范太胜，潘津. 农业产业链组织演化视角下农产品源头质量安全约束机制设计 [J]. 农村经济，2018（04）：65–69.

[55] 方创琳. 中国新型城镇化高质量发展的规律性与重点方向 [J]. 地理研究，2019，38（01）：13-22.

[56] 方佳，李玉萍. 发达国家农产品质量安全体系状况及其对我国的启示 [J]. 世界热带农业信息，2008（01）：1-5.

[57] 方运战. 新时期我国农村剩余劳动力转移存在的问题与对策 [J]. 农业现代化研究，2012，33（01）：41-45.

[58] 冯忠泽，李庆江. 消费者农产品质量安全认知及影响因素分析——基于全国 7 省 9 市的实证分析 [J]. 中国农村经济，2008（01）：23-29.

[59] 付陈梅，李敬，刘洋. 安全农产品的供给机制与“四位一体”中国农产品质量安全保障体系的优化策略——基于博弈理论的分析 [J]. 徐州工程学院学报（社会科学版），2016，31（04）：55-60.

[60] 高鸣，迟亮，宋洪远. 发达国家保障农产品质量安全的经验与启示 [J]. 农业现代化研究，2018，39（05）：725-733.

[61] 高小明，郭剑雄. 农村人口转型对二元经济结构收敛的影响——基于引入劳动力供给数量与质量因素的二元经济收敛模型的分析 [J]. 商业研究，2019（06）：129-138.

[62] 郭沛，肖亦天. 中国农业农村改革四十年：回顾发展与展望未来——第二届农业经济理论前沿论坛综述 [J]. 经济研究，2018，53（06）：199-203.

[63] 郭亚军，姚顺波. 农户农业生产“一家两制”行为的经济学分析——基于信息、成本与收入变化的视角 [J]. 西北农林科技大学学报（社会科学版），2019，19（05）：125-132.

[64] 国家标准化管理委员会. 农业标准化 [M]. 北京：中国计量出版社，2006.

[65] 韩燕. 基于质量安全的农产品供应链建设与优化研究——从供应链上的信息正向传递与逆向追溯角度的解析 [J]. 调研世界，2009（01）：24-26.

[66] 何爱平，李清华. 新中国成立 70 年来我国城乡居民收入差距历史变迁与未来展望 [J]. 经济纵横，2019（10）：16-23.

[67] 黄恩，龙子午，陈慧玲，叶金珠. 农村剩余劳动力转移对湖北省粮食安全生产与保障的影响研究 [J]. 中南民族大学学报（自然科学版），2014，33（04）：131-136.

[68] 黄国勤，赵其国. 轮作休耕问题探讨 [J]. 生态环境学报，2017，26（02）：357-362.

[69] 黄晓娟，刘北林. 食品安全风险预警指标体系设计研究 [J]. 哈尔滨商业大学学报（自然科学版），2008（10）：621 -623.

[70] 金发忠. 农产品质量安全法制管理与品牌问题研究 [J]. 农业质量标准，2008（05）：4-9.

[71] 金芬，郑床木，钱永忠. 我国农产品质量安全科技创新及突破方向 [J]. 农产品质量与安全，2017（03）：3-8.
[72] 科学发展观丛书课题组，东中西部区域发展和改革研究院. 中国农村改革历程的回顾与前瞻 [Z]. 人民网 http：//theory.people.com.cn/GB/10301687.html，2009.
[73] 孔令孜，李小红，宁夏，韦志扬. 国外农产品质量安全管理现状及启示 [J]. 农村经济与科技，2018，29（13）：166-169.
[74] 赖永波，徐学荣. 农产品质量安全监管协同治理路径研究——基于协同政府理论视角 [J]. 中共福建省委党校学报，2014（03）：34-39.
[75] 李爱民. 我国新型城镇化面临的突出问题与建议 [J]. 城市发展研究，2013，20（07）：104-109+116.
[76] 李功奎，应瑞瑶. "柠檬市场"与制度安排——一个关于农产品质量安全保障的分析框架 [J]. 农业技术经济，2004（03）：15-20.
[77] 李江华. 建立健全农产品质量安全标准体系 [J]. 食品科学，2008（08）：685-688.
[78] 李敬，陈澍，万广华，付陈梅. 中国区域经济增长的空间关联及其解释——基于网络分析方法 [J]. 经济研究，2014，49（11）：4-16.
[79] 李敬，张阳艳，熊德平. 制度创新与统筹城乡发展——来自重庆统筹城乡综合配套改革试验区的经验 [J]. 农业经济问题，2012，33（06）：66-71+111-112.
[80] 李凯，周洁红，陈潇. 集体行动困境下的合作社农产品质量安全控制 [J]. 南京农业大学学报（社会科学版），2015，15（04）：70-77+133.
[81] 李凯. 农业面源污染与农产品质量安全源头综合治理 [D]. 浙江：浙江大学博士学位论文，2016.
[82] 李培武，张奇，丁小霞，白艺珍. 食用植物性农产品质量安全研究进展 [J]. 中国农业科学，2014，47（18）：3618-3632.
[83] 李庆江，张会员，成昕，王艳，李清泽. 国家农产品质量安全县创建路径研究 [J]. 农产品质量与安全，2018（04）：9-12.
[84] 李生，李迎宾. 国外农产品质量安全管理制度 [J]. 中国质量技术监督，2005，（8）：54-55.
[85] 李太平，祝文峰. 生鲜农产品质量安全监管力度研究——以蔬菜农药残留为例 [J]. 江苏社会科学，2017（02）：84-91.
[86] 李晓龙，冉光和. 农村产业融合发展如何影响城乡收入差距——基于农村经济增长与城镇化的双重视角 [J]. 农业技术经济，2019（08）：17-28.
[87] 李哲敏，刘磊，刘宏. 保障我国农产品质量安全面临的挑战及对策研究 [J]. 中国科技论坛，2012（10）：132-137.
[88] 李中东，孙焕. 基于 DEMATEL 的不同类型技术对农产品质量安全影响效应的实

证分析——来自山东、浙江、江苏、河南和陕西五省农户的调查［J］. 中国农村经济，2011（03）：26–34+58.
［89］林毅夫. 中国改革的成功关键和成本［J］. 上海经济，2010（03）：8.
［90］刘刚，张晓林. 基于农民合作社的农产品质量安全治理研究［J］. 农业现代化研究，2014，35（06）：710–714.
［91］刘宁. 我国食品安全社会规制的经济学分析［J］. 工业技术经济，2006，（25）：132–134.
［92］刘文君. 发达国家的农产品质量安全管理［J］. 中国牧业通讯，2006（19）：69–71.
［93］龙新. 首批国家农产品质量安全县（市）正式命名［N］. 农民日报，2016–12–22（001）.
［94］卢信，罗佳，高岩，严少华，张振华. 土壤污染对农产品质量安全的影响及防治对策［J］. 江苏农业科学，2014，42（07）：288–293.
［95］罗凌. "一号文件"推动中国农村经济社会快速发展［J］. 中国乡村发现，2017（04）：47–53.
［96］吕芙蓉，陈莎. 基于区块链技术构建我国农产品质量安全追溯体系的研究［J］. 农村金融研究，2016（12）：22–26.
［97］吕新业，李丹，周宏. 农产品质量安全刍议：农户兼业与农药施用行为——来自湘赣苏三省的经验证据［J］. 中国农业大学学报（社会科学版），2018，35（04）：69–78.
［98］马爱国. 新时期我国"三品一标"的发展形势和任务［J］. 农产品质量与安全，2015（02）：3–5.
［99］马晨. 电子商务环境下农产品质量安全管控机制与模式研究［D］. 北京：中国农业科学院博士学位论文，2019.
［100］马明远，秦向阳，李瑾. 农产品质量安全信息化技术进展及应用前景［J］. 中国农学通报，2009，25（02）：258–262.
［101］马云泽. 当前中国农村环境污染问题的根源及对策—基于规制经济学的研究视角［J］. 广西民族大学学报（哲学社会科学版），2010（1）：18 –21.
［102］玛丽恩 · 内斯特尔著，程池译. 食品安全［M］. 社会科学文献出版社，2004.
［103］梅星星. 中国食用农产品质量安全政府监管制度变迁轨迹［J］. 世界农业，2017（02）：184–189.
［104］钱建平，李海燕，杨信廷，吴建金，杨鸿炜. 基于可追溯系统的农产品生产企业质量安全信用评价指标体系构建［J］. 中国安全科学学报，2009，19（06）：135–141+3.
［105］钱永忠，金芬，郑床木. 中国农产品质量安全现状与技术发展趋势［J］. 农学学

报，2018，8（01）：203-206.
[106] 钱永忠. 国外农产品质量安全管理体系现状 [J]. 农业质量标准，2003，（1）：42-46.
[107] 全世文，毛学峰，曾寅初. 中国农产品中价格稳定的“锚”是什么？[J]. 中国农村经济，2019（05）：54-71.
[108] 深入学习贯彻习近平总书记系列重要讲话精神，为实现“两个一百年”奋斗目标和中华民族伟大复兴的中国梦而奋斗 [N]. 人民日报，2014-07-17（012）.
[109] 食品质量安全保障体系研究课题组. 国外食品安全保障体系及对我国启示 [J]. 中国党政干部论坛，2011（7）：26-29.
[110] 史亮，张复宏，刘文军. 物联网 + 区块链助力食品质量安全保障 [J]. 农业与技术，2019，39（10）：34-36.
[111] 苏彩和，和金生. 广西实施农业标准化成效的研究 [J]. 学术论坛，2012，35（02）：122-126.
[112] 苏春森. 德国农产品质量安全全程控制技术 [J]. 农业质量标准，2008（4）：48-52.
[113] 苏昕，张辉，周升师. 农产品质量安全监管中消费者参与意愿和行为研究——基于调查数据的实证分析 [J]. 经济问题，20189（04）：62-69.
[114] 唐晓纯，许建军. 瞿晗屹等. 欧盟 RASFF 系统食品风险预警的数据分析研究 [J]. 食品科学，2012（5）：285-292.
[115] 田新霞，赵建欣. 国内外农产品质量安全管控比较：理念、体系与制度 [J]. 河北学刊，2016，36（01）：216-220.
[116] 汪俊枫，赵文波，綦方中. 我国农产品质量安全监管策略——基于扩展监督博弈模型 [J]. 经营与管理，2015（02）：73-76.
[117] 汪普庆，周德翼，吕志轩. 农产品供应链的组织模式与食品安全 [J]. 农业经济问题，2009（03）：8-12+110.
[118] 王芳，王敏. 国外农产品质量安全监测体系及对中国的启示 [J]. 中国农业科技导报，2008，10（5）：31-34.
[119] 王洪丽. 吉林省小农户农产品质量安全控制行为研究 [D]. 吉林大学，2018.
[120] 王建华，李硕. 基于质量兴农视角的农户安全生产行为逻辑研究：以农药施用为例 [J]. 宏观质量研究，2018，6（03）：119-128.
[121] 王军，李萍，詹韵秋，田世野. 中国耕地质量保护与提升问题研究 [J]. 中国人口 · 资源与环境，2019，29（04）：87-93.
[122] 王可山，李秉龙. 中国农产品质量安全管理体系现状、问题与建议 [J]. 调研世界，2007（6）：9.
[123] 王平. 荷兰农产品质量安全管理体系及启示 [J]. 世界农业，2004（6）：36-38.

［124］王素霞.农产品质量安全长效机制问题研究［J］.农业经济问题，2007（S1）：34.

［125］王婷婷.中国农产品质量安全体系建设的对策研究［J］.当代经济，2011（8）：41.

［126］王艳萍.农产品供应链中质量安全风险控制机制探析［J］.社会科学，2018（06）：52-61.

［127］魏琦，张斌，金书秦.中国农业绿色发展指数构建及区域比较研究［J］.农业经济问题，2018（11）：11-20.

［128］吴忠民.以社会公正奠定社会安全的基础［J］.社会学研究，2012，27（04）：17-24+242.

［129］邢文英.美国的农产品质量安全可追溯制度［J］.世界农业，2006（4）：39.

［130］许红莲，胡愈.农产品质量安全问题根源及其整治路径探究［J］.中央财经大学学报，2013（12）：63-69.

［131］薛宝飞，郑少锋.农产品质量安全视阈下农户生产技术选择行为研究——以陕西省猕猴桃种植户为例［J］.西北农林科技大学学报（社会科学版），2019，19（01）：104-110.

［132］薛思蒙，邓金香，裴昕，朱建国，项诚，毛世平.不同模式下的发达国家农产品质量安全监管经验与启示［J］.世界农业，2017（06）：4-11.

［133］杨芳.英国农产品质量安全监管的启示与建议［J］.福建农业科技，2008（3）：80.

［134］杨辉.国外农产品质量安全法律体系对我国的启示［J］.中国畜牧杂志，2006，（22）：32-34.

［135］杨柳，杨帆，蒙生儒.美国新型职业农民培育经验与启示［J］.农业经济问题，2019（06）：137-144.

［136］杨松，庄晋财，王爱峰.惩罚机制下农产品质量安全投入演化博弈分析［J］.中国管理科学，2019，27（08）：181-190.

［137］杨晓明.基于博弈论视角的农产品质量安全分析［J］.经济体制改革，2009（3）：83-85.

［138］杨信廷，钱建平，孙传恒，吉增涛.农产品及食品质量安全追溯系统关键技术研究进展［J］.农业机械学报，2014，45（11）：212-222.

［139］杨艳涛.由“三鹿奶粉”引发的对我国食品安全管理体制的思考［J］.中国食物与营养，2008（10）：9-12.

［140］游和远，吴次芳.农地流转、禀赋依赖与农村劳动力转移［J］.管理世界，2010（03）：65-75.

［141］虞淼，郭利丰.浅谈农产品质量安全［J］.农药科学与管理，2011，32（10）：

17–19.
[142] 张蓓，黄志平，杨炳成. 农产品供应链核心企业质量安全控制意愿实证分析——基于广东省 214 家农产品生产企业的调查数据 [J]. 中国农村经济，2014（01）：62–75.
[143] 张蓓，文晓巍. 农产品质量安全监管系统的功能和复杂性及其化解路径 [J]. 农业现代化研究，2012，33（01）：59–63.
[144] 张蓓，杨学儒. 农产品供应链核心企业质量安全管理的多维模式及实现路径 [J]. 农业现代化研究，2015，36（01）：46–51.
[145] 张波. 全面构建农产品质量安全保障体系研究——以河北为例 [J]. 生态经济，2010（3）：98.
[146] 张超，孙艺夺，孙生阳，胡瑞法. 城乡收入差距是否提高了农业化学品投入？——以农药施用为例 [J]. 中国农村经济，2019（01）：96–111.
[147] 张红宇. 对新时期农民组织化几个问题的思考 [J]. 农业经济问题，2007（03）：4–10+110.
[148] 张敏. 农产品供应链组织模式与农产品质量安全 [J]. 农村经济，2010（08）：101–105.
[149] 张庆文. 小农户生产与我国农产品质量安全 [J]. 农村经济，2004（12）：10–11.
[150] 张星联，张慧媛，唐晓纯，国内外农产品质量安全预警系统现状研究 [J]. 农产品质量与安全，2012（3）：19–21.
[151] 张艳丽，刘东生，徐哲，李想. 中日农田土壤污染防治政策体系比较研究 [J]. 农业环境与发展，2010，27（05）：1–5.
[152] 张艳涛，林倩倩. 论改革开放以来中国社会转型的阶段性特征 [J]. 中共天津市委党校学报，2017，19（01）：14–20.
[153] 张耀钢，李功奎. 农户生产行为对农产品质量安全的影响分析 [J]. 生产力研究，2004（06）：34–35+47.
[154] 赵亚翔，高素英. 农产品市场“柠檬”问题的解决——一个基于食品质量安全视角的文献综述 [J]. 中国农学通报，2010，26（10）：70–76.
[155] 曾华盛，苏柳方，谭砚文. 农产品质量安全媒体负面报道对农产品价格波动的异质性影响 [J]. 农业技术经济，2019（08）：99–114.
[156] 郑殿元，文琦，王银，米欢. 农村人口空心化驱动机制研究 [J]. 生态经济，2019，35（01）：90–96.
[157] 郑风田，赵阳. 我国农产品质量安全问题与对策 [J]. 中国软科学，2003（02）：16–20.
[158] 郑少锋. 农产品质量安全：成因、治理途径和研究趋势 [J]. 社会科学家，2016（05）：8–14.

[159] 钟真，陈淑芬. 生产成本、规模经济与农产品质量安全——基于生鲜乳质量安全的规模经济分析 [J]. 中国农村经济，2014 (01)：49-61.

[160] 钟真，孔祥智. 产业组织模式对农产品质量安全的影响：来自奶业的例证 [J]. 管理世界，2012 (01)：79-92.

[161] 钟真，穆娜娜，齐介礼. 内部信任对农民合作社农产品质量安全控制效果的影响——基于三家奶农合作社的案例分析 [J]. 中国农村经济，2016 (01)：40-52.

[162] 周洁红. 农户蔬菜质量安全控制行为及其影响因素分析——基于浙江省 396 户菜农的实证分析 [J]. 中国农村经济，2006 (11)：25-34.

[163] 周建民，刘娟娟等. 发达国家食品质量风险评估现状及对我国的启示 [J]. 中国农机化，2011 (1)：95 -98.

[164] 周三元. 基于供应链视角下农产品质量安全风险影响因素分析 [J]. 中国流通经济，2013，27 (06)：45-48.

[165] 周雄，郑芳. 基于区块链技术的农产品质量安全溯源体系构建探究 [J]. 中共福建省委党校学报，2019 (03)：113-117.

[166] 周绪宝，王文雅，欧阳喜辉. 韩国农产品追溯制度的现状及其启示 [J]. 世界农业，2008 (4)：61.

[167] 朱立龙，郭鹏菲. 政府约束机制下农产品质量安全监管三方演化博弈及仿真分析 [J]. 系统工程，2017，35 (12)：75-80.